贈りもの

晴佐久昌英クリスマス説教集

晴佐久昌英［著］

キリスト新聞社

はじめに

　三五年前から毎夏、奄美群島の小さな無人島の浜で、親しい仲間たちとキャンプを続けています。目の前のサンゴ礁の海に潜ったり、拾い集めた流木で焚火をしたりする生活は、人類が本来持っている感性を目覚めさせてくれる、貴重な体験です。

　ある年、五日目にして、用意した食料が尽きかけたことがありました。おまけに魚は獲れないし、貝も見つからないしで、もう撤退するしかないねって相談していたとき。はるか水平線の向こうから、小さな船が近づいてくるではありませんか。よく見れば、顔見知りの漁師さん。ぼくらのことを心配して、漁のついでに寄ってくれたのでしょう、浜に舳先を近づけると、「これ、うまいぞ」と、獲れたての魚を数匹投げてよこしました。一同歓声をあげ、砂の上で跳ね回る魚を追い回したものです。お礼を言うぼくたちに、後ろ姿で手を挙げて去っていく漁師さんの、カッコよかったこと！　魚は小ぶりのカツオで、その場でさばいて刺身にして食べたのですが、腹が減っていたこともあり、涙が出るほどおいしかった。忘れることのできない、うれしい贈りものの思い出です。

みなさんには、贈りものに関するどんな思い出がありますか。子どものころの誕生日プレゼントにワクワクしたとか、恋人に花を贈ってドキドキしたとか、色々あることでしょう。そんななかでも、本当に困っているときに思いがけず、それこそ「水平線の向こうから」ふいに現れるような無償の贈りものほど、ありがたい贈りものはありません。お返しを期待するとか、こちらの好意を伝えるためとか、なにか理由のある贈りものとは違って、ただ贈りたい、喜ばせたいという純粋な心に満ちたそんな贈りものこそは、この世界の本質をよくあらわしています。贈りものは、単なる物ではありません。贈る側の、暖かい心そのものです。つまり、純粋な贈りものは、この世界が暖かい心に満ちているという事実の、目に見えるしるしなのです。

クリスマスは贈りものの季節ですが、それは、神さまが神の子たちに、これ以上はないという贈りものを贈ってくれたときだからです。神さまはまことの親ですから、すべての神の子たちをわが子として愛しています。しかし、それを知らずに寂しい思いをしたり、不安を抱えたりして苦しんでいる人があまりにも多いので、なんとかご自分の愛に目覚めてもらおうと、「目に見える愛」であるイエス・キリストを贈ってくださいました。イエスを見れば、神の愛が見える。なんてありがたいことでしょう。親からもらうプレゼントは、単なる物ではなく、親心そのものです。つまり、イエス・キリストこそは、地上を生きる人類に天上から贈られた、最も聖なる贈りものだと言えるのではないでしょうか。

真の贈りものは、いつだって「向こうから」やってきます。それは、すべての人に、すでに、与えられています。問題は、あなたがそれに気づいているのかどうか。気づいて、素直に受け取っているのかどうか。もしも、「自分はまだ受け取っていない」とか、「自分は贈られるにふさわしい存在ではない」とか思い込んで、最高の贈りものを受け取れないでいるなら、これほどもったいないことはありません。神があなたに贈るのは、あなたがそれを受けるにふさわしいからであり、贈られる価値がある存在だからです。神はなぜあなたを生んで、あらゆる恵みを与え続けているのでしょう。それは、ご自分を贈りたいからです。

クリスマスシーズンは、特にそのことを思いながら説教していますが、思えば、神の愛を説く説教もまた、神からの贈りものでしょう。あなたは、それを受けるにふさわしい存在です。何度でも繰り返しますが、あなたは、最も聖なる贈りものを受ける価値のある存在です。クリスマスの贈りもの、受け取っていただけますでしょうか。受け取ればそのとき、気づくはずです。実はあなた自身が、この世界に贈られた、尊い贈りものだと。

晴佐久昌英

贈りもの　目次

◆降誕節

主の降誕

聖家族の祝日

王であるキリスト

（待降節前、最後の主日）

「ああ、これは俺だ」

ヨハネによる福音書18章33〜37節

そこで、ピラトはもう一度官邸に入り、イエスを呼び出して、「お前がユダヤ人の王なのか」と言った。イエスはお答えになった。「あなたは自分の考えで、そう言うのですか。それとも、ほかの者がわたしについて、あなたにそう言ったのですか。」ピラトは言い返した。「わたしはユダヤ人なのか。お前の同胞や祭司長たちが、お前をわたしに引き渡したのだ。いったい何をしたのか。」イエスはお答えになった。「わたしの国は、この世には属していない。もし、わたしの国がこの世に属していれば、わたしがユダヤ人に引き渡されないよう に、部下が戦ったことだろう。しかし、実際、わたしの国はこの世には属していない。」そこでピラトが、「それでは、やはり王なのか」と言うと、イエスはお答えになった。「わたしが王だとは、あなたが言っていることです。わたしは真理について証しをするために生まれ、そのためにこの世に来た。真理に属する人は皆、わたしの声を聞く。」

先週、七五三の祝福式に行ってまいりました。港区のカトリックの幼稚園ですけど、子どもたちにパンダの話をしたんですね。

「晴佐久神父です。上野教会から来ました。すぐ近くの上野動物園で、双子のパンダが生まれました。かわいいパンダの赤ちゃんが生まれたとき、お父さんパンダもお母さんパンダも、大よろこびしたんですよ。かわいいみなさんが生まれたときも、みなさんのお父さんとお母さんは、大よろこびしたしたんですよ。みんなこうして元気に育ってくれて、もっともっと、よろこんでますー。」

とまあ、そんなような話をしたんですけど、もちろん、マスクをして話してたんですね。するとですね、そのあと職員室でマスクを外してお茶をいただいてるところに、一人の男の子が忍び込んで来て、わたしを見てこう言うんです。「あ、神父さまだ！　マスク取ったら、おじいさんだった！」（笑）。まあ、異論はありません（笑）。そのとおりですけど、心の中で言い返しました。「まあ、そう言うキミも、すぐだからね」（笑）。

まだまだ若いつもりでいても、ふと気づけば、おじいさん。みなさんの中にもそう実感している人いるんじゃないですか。ふと気づいたら、自分もいつの間にかおばあさん、とか。私にとっては、人生で初めて「おじいさん」って言われた記念日になりましたけど、まあ、いいことですよ。そう言われるまで生きたってことですからねえ。なんだかんだ言っても、こうして今日まで生かされたことにはやっぱり意味があるよねって、つくづく思うんです。それだけ、ほんとにいろんな素晴らしいものを見てきたし、素晴らしい体験をしてきたし、その分感謝も賛美も深まりますから。

もちろん、若くして亡くなることも神のみこころのうちですし、長い短い関係なく、みんな神に望まれて生まれ、神に愛されて生きた同じ神の子です。ただやっぱり、五〇年、八〇年と生きてきたっていうことは、神さまがそれだけの時間を与えてくださったってことだし、そこにはそれなりの意味というか、責任みたいなものもやっぱりあるはずですよ。なぜ時間というものがあるかといえば、それは神の愛を知るためだし、神の望みを行うためですから。「今日まで、それだけの出会いをして来たぞ、それだけの日々愛されてきたし、愛してきたぞ。だから、今日もまた、誰かを少しでも幸せな気持ちにさせるために生きよう」。おじいさんになった私も、そのような思いで今日もここに立っております。神さまがこの日々を贈ってくださったことに感謝もし、感動もしながら。もちろん大した人間ではないけれども、若くして亡くなったあの人、この人にはできなかったことを、今日もやろうと思えばできるんだから、それはやっぱりやってかないとねって。そう、気持ちを新たにして。

教皇フランシスコが新しい回勅をお出しになりました。『兄弟のみなさん』っていうタイトルの回勅ですけども、その中に、こういう一節があります。「どうか『あの人たち』で終わらせず、ひたすら『わたしたち』でありますように」。美しい言葉でしょう? たとえば同じ人たちを見ても、それを「あの人たち」って思うのか、「わたしたち」って思うのか。これ、全然違うんですね。相手は一緒ですよ、同じ人たちなんですけど、こっちの捉え方が違うわけです。「あの人たち」っていうのは、三人称複数形ですから、どこか客観的なんですね。「ホームレスの方たち」とか「難民たち」とか、属性でくくって「あの人たち」って言うわけで、どこか冷たい響きです。それは線引きした「対象」なわけで、言ってしまえば「わたしたち」じゃない。まあ、最初はそう思っちゃうのは普通のことかもしれませんけど、驚くべきことに、その「あの人たち」が「わたしたち」になるという、なにかとてつもなく素晴らしい、美しい瞬間があるんですよ。「あの人たち」を「わたしたち」に変えてしまう特別な力が、この世界には確かに働いてるってことです。その力を、神さまはすべての人にちゃんと与えているし、それを発動させてくれるのがイエスなんです。「あの人たちは別だ」、「あの人たちは危険だ」って、三人称複数でくくって遠ざけるんじゃなくて、「この人たちもわたしたちと一緒だ」、「初めからみんな、わたしたちなんだ」って、一人称複数にしていく、それこそはキリスト教の本質じゃないですか。

教皇はそれに続けて、こうも言っています。「わたしたちには互いが必要で、互いに対して義務を負っていることに、はっきり気づけますように。わたしたちが引いた境界を越えて、すべての顔、すべての手、すべての声を備えた人類として、新たに生まれるために――」。遠ざけた人たちが、実は必要な人たちだ。わたしたちとして互いに受け入れ合うことは義務なんだ、と。そうして「わたしたちという人類」として新たに生まれる、それこそは神の国でしょう。キリストの体でしょう。そんなふうに「あの人たち」が「わたしたち」になる感動の瞬間を、ぼくらはこの人生におけるかけがえのない経験として味わってきたはずですし、さらに、キリスト者として、もっと「わたしたち」になっていくチャレンジへと、招かれています。

今日は、「王であるキリスト」の主日ですけれども、イエスの王国って、どういう国なんでしょう。イエスさまは、「わたしの国は、この世には属していない」（ヨハネ18・36）って言います。「この世」っていうのは、線引きする世界です。国家も社会も、「あの人たち」「この人たち」を決めて管理します。難民問題とか、そうしなければやっていけないほどに複雑になっちゃってるってのもあるんだとは思うけれども、それに対してイエスは、「実際、わたしはこの世には属していない」って言う。じゃあ何に属しているのかっていうと、まさにイエスは「わたしたち」っていう世界に属しているんです。これは、みんな結ばれていて、助け合う、神の国とも言うべき世界です。人類が本来そうあるべき「わたしたち」の世界。この世はそれを忘れて、都合のいい人たちだけの閉鎖的な「わたしたち」を作り、それ以外の人を「あの人たちのせいで」とか、「あの人たちも救ってあげましょう」とか、なんかよそよそしい。「みんなわたしたちだ」って言えば、すべて解決するのに。だって、誰であれ、「わたしたち」なら必ず助けるんだから。

今日もここにこうして集まっている、これは「わたしたち」ですよね。それこそが、ミサの一番の喜びでしょうねぇ。そうそう、来週からみんなで歌ってもよろしいと、教区からお達し出ましたよ。もっとも、あまり大声で歌わないようにってことですけど、それでも「また、みんなで歌えた！」っていう感動がありますよ、きっと。だけどわたしたちは、なんで感染症のこの時期に、同じ部屋に集まってわざわざ歌ったりするんですか。「わたしたち」だからです。「わたしたち」の喜びを分かち合うためです。見てください、ここには「あの人たち」がいません。みんな、「わたしたち」。初めて会っても、気が合わなくても、キリストにおいて結ばれた「わたしたち」です。この集いはやっぱり、この世には属していないですね。この世は、「そうは言っても」とか、いろんな言い訳をしながらみんなを分断していきますから。

イエスさまはさすがですよねぇ。「わたしたち」っていう模範を見せて、それをミサというしるしで残してくれて、おかげで二千年経っても、わたしたちは、こうして紛うかたなき「わたしたち」を生きています。来週、待降節第一主日、もちろん唱和も解禁です。「主はみなさんと共に」って言ったら、「また司祭と共に！」ですよ。忘れちゃったんじゃないですか？（笑）もう一年以上、言ってませんからねえ。みんなで声を合わせて、「アーメン」って言えるわたしたち。ほんとに「わたしたち」って、幸いだなと思う。

昨日、この浅草教会で、対談をしたんですね。日本カトリック映画賞を今年は、『コンプリシティ　優しい共犯』っていう映画に差し上げたんですけども、その監督が来てくださいました。近浦啓監督という、いくつかの国際映画祭でも大変評価されている、若手の監督です。この映画は、技能実習生の話です。今日もここにベトナムの技能実習生の方が大勢おられますけれども、これは中国の技能実習生の話です。

主人公の青年は、都会で技能実習生として働いてたんですけど、色々とうまくいかず、職場から逃げ出しちゃいます。で、悪い仲間にそそのかされて、他の実習生になりすますんですね。これ、不法滞在ですから、警察は追っかけるわけですよ。それで、逃げるようにして、山形県のそば屋で住み込みで働き始めます。そば屋の主人を藤竜也が演じてるんですけど、寡黙で、朴訥な、人間味ある主人なんですね。この、ろくに日本語もしゃべれない主人公の実習生に、蕎麦のうち方から、丁寧に教えるわけですよ。これがだんだんうまくなっていくし、頼りにもされて、二人は親子同然みたいに仲良くなる。だけどやがて警察がやって来て、主人は事実を知ってショックを受けるんだけど、決心して主人公を逃がしちゃうんです。それがいいことなのか悪いことなのかはともかく、親心ってそういうもんでしょう。

とまあ、それでタイトルも『優しい共犯』ってわけですけど、その監督が昨日、面白いことを言ってたんです。映画の中で、このそば屋の主人の家に主人公が初めて来るシーンで、主人はすき焼きをふるまうんですね。「さあ、どんどん食べなさい」って、たらふくすき焼きを食べさせて、主人公も喜んで食べるという。ところが、そのシーンが脚本上、リアリティに欠けるみたいに批評されることが多いんですって。いわく、そのそば屋の主人のモチベーションが不可解だ、心理がちゃんと説明できてない、物語としておかしいんじゃないか、みたいに。要するに、会ったこともない実習生が来て、最初っからすき焼きをふるまうわけがないっていうわけです。普通は最初は警戒してそっけない対応をするはずだし、お互いに通じ合わないことも多いはずだし、それが、すれ違ったり対立したり、共通の体験をした上で二人の心が通い合い、最後は親子同然の関係になって警察から逃がしてあげましたっていう話なら説得力がある、と。これが最初からすき焼きを出したら、物語が成立しないんじゃないか、みたいな批評ですね。

だけど、監督はこう言ってました。「最初は通じ合えない冷たい関係で、それがやがて通じ合えて仲良くなりました、ああよかったね、なんていう話にだけはしたくなかった。そんな映画はいくらでもある。だけど、人と人の関係って、本当はもっと初めからちゃんとつながってるんじゃないか」と。つまり、監督のリアルで言うならば、「来てくれた実習生に、初めからすき焼き出すでしょう?」ってことです。だから、私の書いた批評を監督はとても気に入ってくれたんですよ。というのは、ぼくも、浅草教会でベトナムの技能実習生の集まりを始めたとき、最初の日にすき焼きをふるまったし、そのことを書いたからです。

ちょうど先月、その話をしましたよね。そのときすき焼き食べた実習生のトゥアン君が、ベトナムに帰る前の日に葡萄を持ってお別れに来てくれたって話、したじゃないですか。そりゃあね、彼とは何年も一緒ごはんしたし、だからこそどうしても会いたいって、最後の日にお別れに来たわけですけど、じゃあ、最初は警戒して通じ合えなかったかって言うと、全然そんなことない。はじめっから思ってましたよ。「はるばるベトナムから来た技能実習生たち、異国で不安だろうし、仕事でも大変な思いしてるだろうなぁ。あんまりいいもの食べてないんじゃないかな。ぜひみんなと一緒にごはん食べて励ましたい、そうだ、毎月食事会をしよう。最初の日はやっぱり、すき焼きでしょう、せっかく日本に来たんだから。どうせなら、特上のすき焼きを腹いっぱい食べさせたいな。みんなきっと、喜ぶだろうな」ってね。で、近江牛のすき焼きを食べさせた。

まあ、喜んでくれたし、そのときのことをいつも話題にしてくれたし、むしろこっちが喜ばせてもらったって感じです。だけどこれってね、別に美談じゃないと思う。英雄的行為でもないし、言っちゃえば愛があるってほどでもないんですよ。これ、人として普通のことだと、私は思う。つまりね、監督の脚本に違和感を持つ人は、「最初の日にすき焼きって、普通じゃないでしょ？」っていうことですよね。私は、逆に質問したい。「なんで、最初の日にすき焼き出さないいんですか？　その理由はなんですか？」と、むしろそっちのほうが普通じゃない。意味がわからない。

ぼくらね、「この世」に属しちゃっててね、なんか洗脳されちゃってるんじゃないですか。「俺が働いて得た金は、俺のものだ。」「会ったばかりのヤツと分かち合うなんて普通じゃないだろう。」「こっちも大変なんだよ、きれい事言ってられないよ。」「色々危ない世の中だから、ちょっと様子を見てから。」そんなような、この世に属している人ならではの常識にみんなもう洗脳されきっちゃってて、「最初からすき焼き出すのは、説明がつかない」とか、だけどそう言ってるほうがおかしいだろうと、私は思う。そんなような話で、近浦監督とはとても共感できました。

実は監督、カトリックの学校を出てるそうで、「聖書もいっぱい読まされました」とか言ってましたから、「善きサマリア人のたとえ」とかも読んでるんじゃないですか。あれなんか、倒れてる人を助けるのって、理屈じゃないし美徳でもないし、ただごく普通に「だいじょうぶか!?」って、駆け寄るだけの話ですよね。大祭司のように道の向こう側を通っていっちゃうとしたら、そっちのほうが異常。普通じゃない。「ちゃんと普通にやろうよ」っていうのが、イエスさまの活動なんですよねって、監督とお話しいたしました。

監督に、それにしてもなんで実習生の映画撮ろうと思ったんですかって聞いたら、ベトナムの技能実習生が山羊を盗んで食っちゃったっていう事件がありましたよね。四、五年前ですか。監督はそのとき、「彼らはなんでそんなことをしたんだろう?」って興味を持って調べに行って、本人たちを始め、いろんな証言を聞いているうちに、ハタと「この子たちは、自分自身だ!」って気づかされたって言うんです。ニュースで、「ベトナムの技能実習生が日本に来て、生きた山羊を盗んで、解体して食べた」って聞けば、なんかちょっと理解できないというか、普通じゃない出来事のようにも思うでしょうけど、そこをずっと調べていくうちに、彼らの現実、すなわち彼らの窮地、彼らの恵まれない環境、そんな中で生きていくための必死な思いや健気な工夫を知って、監督は「ああ、これは俺だ」って思い、「そういう映画をつくりたい」って思った、と。つまりこれ、監督にとっては、自分自身の映画なんですよ。ニュースで見ただけのベトナム人、自分とは無縁のはずの異国の技能実習生が、実は自分自身だったと気づく、この瞬間をもたらすのは、ぼくは聖霊の働きだと思う。「あの人たち」が、「わたしたち」になる瞬間。

キリスト者ってね、いつでもどこでも誰にでも共感する、共感できる人たちです。「そうそう、俺もそうなんだよ」「自分だって、その状況なら、そうしちゃったかもしれない」って、思える人たちなんです。「あの人たちは目障りだ」って排除するんじゃなく、「あの人たちのせいだ」って裁くんじゃなくって、「わたしたちみんなで幸せになろうよ」って思える人たち。そう思えるようになる、その一瞬がね、イエスの国の立ち現れる瞬間です。

イエスが王さまである国、いいじゃないですか。日本の総理大臣、コロコロ変わりますし、この世の王は消えていきますけど、我々の王は、変わらない。永遠に変わらない。イエスという愛の王さまが支配している国、駆け寄るほうが当たり前な国、いいじゃないですか。そんな国の国民でありたいじゃないですか。

（二〇二一年一一月二一日）

待降節

こんなときのキリスト教

ルカによる福音書21章25～28節、34～36節

「それから、太陽と月と星に徴が現れる。地上では海がどよめき荒れ狂うので、諸国の民は、なすすべを知らず、不安に陥る。人々は、この世界に何が起こるのかとおびえ、恐ろしさのあまり気を失うだろう。天体が揺り動かされるからである。そのとき、人の子が大いなる力と栄光を帯びて雲に乗って来るのを、人々は見る。このようなことが起こり始めたら、身を起こして頭を上げなさい。あなたがたの解放の時が近いからだ。」

「放縦や深酒や生活の煩いで、心が鈍くならないように注意しなさい。さもないと、その日が不意に罠のようにあなたがたを襲うことになる。その日は、地の表のあらゆる所に住む人々すべてに襲いかかるからである。しかし、あなたがたは、起ころうとしているこれらすべてのことから逃れて、人の子の前に立つことができるように、いつも目を覚まして祈りなさい。」

こうして久しぶりにみんなで声を合わせて唱えたり、歌ったりできるっていうのは、やっぱりいいですねえ。今年の春に洗礼を受けた方の中には、信者になってからそれを一度もやってないっていう方もおられますしね。今日はみんなで声をそろえて、心を込めて「アーメン!」って唱えましょう。しばらくこの状況が続くといいんですけど、またなんか昨日あたりから、オミクロン株でしたっけ? 新しい変異ウイルスの話も出てきちゃいました。「いいかげん、いたちごっこで気が滅入る」とか、「いったいいつまで」とか思ってしまいますけど、こういうときこそ、我々キリスト者はむしろ「身を起こして、頭を上げる」、と。(ルカ21・28参照)他のみんながしょんぼりして俯いて、膝を抱えてるようなときに、キリスト者は、身を起こして頭を上げる。そういう、なんていうんでしょう、キリスト者のプライドみたいなものを、どんなときも持っていましょうね。

こういうコロナのパンデミックとか、地球温暖化の環境危機とかって、相当終末的です。なにしろ、全世界規模ですからね。これまでも大震災とか戦争とか、いわゆる終末的なことってありましたけど、案外限定的でしょ。地域限定、期間限定みたいなところがあって。これがコロナ規模のパンデミックとか、温暖化規模の環境問題ってなると、人類の歴史で初めてなんで、相当終末感がある。だけど、ってことはまさに、こんなときのための聖書、こんなときのための信仰、こんなときのためのキリスト者なんですよ。まあ、キリスト教やってる我々にしてみると、変な言い方、「ついに出番が来ました」って状況だと思いますよ。

今日の福音書でも、イエスさまがいろいろと怖いことおっしゃってますけど、ちょっと現実にそれに近い状況になりつつあるじゃないですか。つまり、出番なんですね。ぼくらがこうして集まっているのも、そんな中で、なおもあきらめないため、絶望しないためなんです。だって、こんなときのために、神さまがこの世にキリスト者を用意してあるわけだから。何もないときは消防署なんて目立ちませんけど、火事のときは何よりも必要になるわけですよね。「こんなときのキリスト教」なんです。こんなときの浅草教会なんです。

もちろん普段も必要なんですけど、今はまさに火事の現場なんであって、「さあ、出番ですよ」っていうときだと思いますよ。

だからイエスさまは、「眠っているな」って言うわけです。消防署員が眠ってたら、役に立たないですから。キリスト者は、目を覚ましています。あっちは燃えてないか。こっちで逃げ遅れてないか。誰か孤立してないか。コロナで困窮してないか。なんとか助けてあげよう、苦しんでいるみんなのため、誰ひとり見捨てられてつらい思いをしないようにって、目を覚ましています。

このコロナ騒ぎ、いったいこのあとどういうドラマになっていくんだか、誰もわかりません。だけど、わかんなくていいんです。どうなろうとも、神さまのみこころは正しく、尊く、そしてすべての人を必ず救います。そんな神のみこころのままに、神の御国の完成に向かって神ご自身が働いておられるんだから、ぼくらは希望を新たにして、主と共に働きます。最悪な状況で、みんなが「もうだめだ!」って言ってるときに、「だいじょうぶだ、信じよう!」、「さあ、こっちが出口だ、付いてこい!」って言う人ほどありがたい存在はないわけですし、それがキリスト者だっていうことですね。

今日からアドベント、待降節。降誕を待つ季節です。アドベントの語源は「来る」っていう意味で、「到来する」とか、「出現する」っていうニュアンスです。つまりそれは、向こうから「来る」んであって、おのずと「現れる」んであって、こっちが呼んでるわけじゃないんです。勝手に、向こうから来る。こればっかりは、向こうから「やっぱり行かない」って言われちゃったら、もうどうしようもないんです。首に縄つけて引っ張ってくるわけにいかない。あっちから、来てくれる。こっちがどうであろうともこうであろうとも、関係なしに必ず来てくれる。現われちゃう。これは、ありがたいですよ。救いは、来る。私たちは、それを待つ。

ですから、「目を覚まして祈りなさい」（ルカ21・36）って言うのは、「目を覚ましてちゃんと祈っていたら、来てくれますよ」って話じゃない。「ちゃんと来るってことに、目を覚ましていなさい」ってことです。必ず来るんだから、怯えて膝抱えて、下向いてるなって、そういうことですね。「もしかして来ないかも」なんていう恐れの状態を「罪」って呼ぶんです。悲しみが消えさる日は、必ず来ます。だから、恐れに負けないで、いつも目を覚ましてその日を待ちましょう。待降節は、特にそのことを思うときです。クリスマス、必ず来ます。「二〇二一年は、クリスマスが来なかったねぇ」なんて、ありえない。必ず来るものを、信じ続けて四週間待ちます。

アドベントクランツ、浅草教会はやらないんですか？　上野教会では祭壇前にありましたけど。ああ、後ろにあるんですね。あとでよくご覧になってください。四本のろうそくに、待降節の主日ごとに一本ずつ順番に火を灯していきます。真ん中に「キリストのろうそく」を置いて、クリスマスに灯すっていう五本バージョンもありますけど、いずれにせよ順番に一つひとつ灯していくもので、一気に点けちゃいけない。毎週、一本ずつです。これはもう、そういうもんなんだから、しょうがない。人はいろんな折々に、「まだこれだけか」とか「もっと早くしろ」とか勝手なことを言いますけど、人生は「ひとつ、ひとつ」なんです。そうして積み重ねた末に、最後に火が灯る。必ず灯る。待降節の味わいですね。人の生涯も、人類の歴史も、そのように「一つひとつ」なんだって味わいます。これはですから、「到来する」より、「出現する」の方が近いかな。「来る」っていうと「まだ来てない」みたいだけど、「現れる」っていうと、「もう来てるけど現れてない」ですから。ろうそくは目の前に、もうあります。そこに火が灯り、永遠の輝きが現れ出るろうそくが、確かにここにあります。

第一朗読も第二朗読も、そう言ってたんですよ。第一朗読では、「その日、その時、正義の若枝を生え出でさせる」（エレミヤ33・15参照）。「若枝」っていうのが、イエスさまのことですけど、まさに正義の若枝が生え出る。そのときは、必ず来る。その日にはみんなが安らかに、喜びをわかちあう都となる。必ず、その日が来る。エレミヤは、預言者として神の言葉を語るわけですけども、このときユダの人たちは捕囚の身、いわば全員奴隷ですよ。みなさんもイメージしてみてください。自分が捕囚の身になって、どこかの国に連れていかれて、「いつかは故郷の日本に戻りたいなぁ。またあの日本で暮らしたいなぁ」と思ってるって。つらいでしょう？　そんなときに、神が語りかけるんです。「必ずその日は来る」って。「一日一日、希望の火を灯して生きていこう」って。これはうれしいでしょう。預言者が語る、神の言葉。

そして、イエスさまは確かに来られました。そうして今も、イエスさまは来続けていますし、やがてこの世界が完成するときに、ついにすべての人が一つになって、キリストの体となって誕生します。「やがて来る」って、イエスが白い服着て天から降りてくるわけじゃないですよ。我々みんなが一つのイエスの体となって、神の国が完成するってこと。必ず来ます。その日を信じて、一日、また一日と生きてまいります。

第二朗読では、こう読まれました。「わたしたちの主イエスが来られるとき、あなたがたを強めて、父の御前で、非のうちどころのない者としてくださる」（一テサロニケ3・13参照）。そんな日が来るんですよ。うれしいでしょう？　私は、それを待ち望みます。私の取り柄は自分の罪深さをよく知っているということで、まあ、実にいい加減だし、筋金入りの偽善者だし、いやになるほど幼稚だし、だけど、開き直るわけじゃないけど、まあこんなもんでしょうって受け入れてます。本質は変わらないんで、しょうがない。ただ、自慢できるとしたら、そんな自分を正確に知っているってところかな。だからこそ、やがて主が来られて、こんな私を強めて、「父のみ前で非のうちどころのない者にしてくださる」ことを信じますし、その日を待ち望みます。希望をもって、あきらめず。もちろん、ただ待ってるだけで何もしないわけじゃないですよ。少しはマシになりたいと思って、毎日けなげに努力してるつもりです。あまり効果ないですけど。だけど、「その歩みを今後も更に続けてください」（一テサロニケ4・1）ってね、パウロが言ってますし、希望だけは失わないで歩み続けます。どんなことも、必ず良いことにつながってると信じて。

先週、新潟へ講演会に行ってきました。その教会でお話しするの、二回目なんですよ。一回目は七年前だったんですけど、私そのとき、遅刻したんです。勘違いもあったんだけど、ともかくあわててタクシー飛ばして向かいました。講師の神父が来なくっちゃ、それこそ話にならないわけで、タクシーの中から会場の教会の主任神父に電話しました。「すいません、今向かってます！」って。相手は親しい神父だったんで、冗談で「なんか代わりに適当に話しといて」って言ったら、「えー、何話せばいいの」って言うんで、「神は愛だって言えばいいんです」って、そんな会話をしたんですね。そうしたら、電話を切ったあとで、それを聞いてた運転手さんに、真顔でたしなめられたんです。「代わりはだめですよ、やっぱり先生がお話にならないと」って。それで、会場に着いてから、「さっきタクシーの中から遅れますって電話したとき、主任神父さんに冗談で『代わりに適当に話しといて』とか話してたら、タクシーの運転手さんから『代わりはだめですよ』って叱られちゃいました」って言ったら、みんながワアっと笑ったんですね。で、今回行ったら、そのことをみんなまだ覚えてるんですよ。「神父さまがあのとき遅刻して、タクシーの運転手さんに叱られたの、覚えてますよ。講演の中身は忘れちゃったけど」って（笑）。

だけどね、今回その教会に再び行ってお話しできたのは、実は七年前に遅刻したからなんです。七年前に、私が言ったんですよ。「遅れたおわびに、いつかまたもう一度来て、お話ししましょう」って。それで、今回頼まれたんです。「あのとき、神父さまは、また来るって約束してくれました。今コロナでみんな不安なんで、ぜひ来て希望を与えてください」って。それでとってもいい時間をみんなで過ごしたってことですから、つまりあの日遅刻したおかげでまたみなさんとお会いできた、そういうことになるわけです。

だからまあ、一つひとつの失敗とか不運とか、そんなに気にすることないですよ。「あんなことしなきゃよかった」とか「こんなことさえなければいいのに」って思うようなこと、それこそコロナ禍に至るまで、実は神さまが良いことの準備としてなさってることなんじゃないですか。すべてはきっと何か、次の良いことにつなげてくださるんだって信じて、心配せずにくさらずに、一本一本、ろうそく灯しながら、歩み続けてまいりましょうって言いたい。気に入らないこと、イヤなことも恵みの内。全部取り去っちゃったら、何にもなくなっちゃう。

そうそう、それでいうなら、つい何日か前に面談した方ですけど、最近浅草教会に通うようになったきっかけを尋ねたら、「晴佐久神父のことをネットで知った」、と。で、検索してたら、晴佐久神父の批判が載ってたんですって。見ないでくださいね、みなさん（笑）。私自身はそういうの絶対見ないんで、何言われてるのか全く知りません。まあ、何言われてもいいです。言われるような者ですから。ただ、面白いなと思ったのは、その方、その批判の内容を読んで、「こういう人たちからこういう内容で批判されてるってことは、よほどいい神父に違いないと思った（笑）」って言うんですよ。そういう読み方をする人もいるんですね。ってことは、批判する人にも感謝するべきですよ、ご批判ありがとうございますって。自分にとって一見都合悪いものも、知らずに役に立ってるってことですよ。くよくよせずに、全部ひっくるめて受け止めちゃいましょう。神さまは、必ず良いことに用いてくださると信じて。

今日の洗礼式ですけれど、あなたはおいくつでしたかね。……ああ、一一歳ですか。

一一歳って、幼児洗礼なのか成人洗礼なのか微妙なところですけど、幼児洗礼でもあり、成人洗礼でもあるという意味では、とても恵まれていると思いますよ。本人の意思を越えて神さまが授けてくださるともいうべき幼児洗礼でありながら、本人の意思もちゃんとそこに協力しているという成人洗礼でもあるわけですから。

その意味で、私はこれから洗礼を受ける一一歳、神に選ばれた一人の神の子であるあなたに、コロナ禍の待降節第一主日に洗礼を受けることの意味をはっきりと申し上げたい。それは、「希望を持って出発する」っていうことです。ここにいるこれだけの信じる仲間が家族になるっていうことですし、そんな仲間たちと、必ず素晴らしい世界が待っていると信じて、希望をもって歩み出すっていうことです。

やっぱりね、希望があるって素晴らしいですよ。今は、恐れて混乱して、どうしていいんだかわからず、しゃがみこんでしまっている人も多いですけど、洗礼を受けたキリスト者は立ち上がります。こんな状況だけど、こんなひどい世の中だけど、こんなにいやなこともあるけれど、それでも、必ず、神さまは素晴らしい世界にしてくださるっていう希望をもって歩き出します。誰だって、希望がなきゃ歩けませんって。たとえ歩けても、なんのために歩いてるんだか分からなければ、うれしくないじゃないですか。喜びの世界に必ず辿り着けると信じていれば、その日を待ち続けられますし、日々歩き続けることができます。そうして歩いて行けば、いいこといっぱいありますよ。

今年のクリスマスは、コロナの中での二度目のクリスマスです。中々大変な世の中ですし、みなさんもつらいことやさみしいことがたくさんおありでしょうけど、今年は、今までの人生で一番いいクリスマスになることでしょう。なぜなら、その喜びの世界が、毎年毎年少しづつ近づいているんだから。つまり、みなさんの今までの人生で、今が一番神の国に近いクリスマスなんですよ。もちろん、来年はさらに近づくわけですけど、ともかく、神さまが用意してくださっている神の国に日々近づいているんだという信仰、何があろうともその信仰と希望だけは持ち続けて、歩んでまいりましょう。そんな仲間が増えることはほんとうにうれしい。私たち、信じる仲間たちは、洗礼を受けてあなたが一緒に歩んでくれることがほんとにうれしい。

（二〇二一年一一月二八日）

これこそキリストさまの愛だ

ルカによる福音書3章1～6節

皇帝ティベリウスの治世の第十五年、ポンティオ・ピラトがユダヤの総督、ヘロデがガリラヤの領主、その兄弟フィリポがイトラヤとトラコン地方の領主、リサニアがアビレネの領主、アンナスとカイアファとが大祭司であったとき、神の言葉が荒れ野でザカリアの子ヨハネに降った。そこで、ヨハネはヨルダン川沿いの地方一帯に行って、罪の赦しを得させるために悔い改めの洗礼を宣べ伝えた。これは、預言者イザヤの書に書いてあるとおりである。

「荒れ野で叫ぶ者の声がする。
『主の道を整え、
その道筋をまっすぐにせよ。
谷はすべて埋められ、
山と丘はみな低くされる。
曲がった道はまっすぐに、
でこぼこの道は平らになり、
人は皆、神の救いを仰ぎ見る。』」

みんなで声を合わせるのって、いいですね。長いこと唱えたくても唱えられなかったし、歌いたくても歌えなかった日々が続きましたから。せっかく洗礼を受けて、みんなで集まって感謝の祭儀を捧げてるんだから、声くらい合わせたかったですけど、なかなかできませんでした。今日はもう、みんなで声を合わせて、私たちの祈りを神さまに向かって、まっすぐに届けましょう。

昨日は浅草教会でご葬儀があったんですけど、ご葬儀でも久しぶりにみんなで歌いました。「いつくしみふかき」とかね、やっぱり声を合わせると違いますよね。心がひとつになるというか。特に昨日は、亡くなった方の奥さまが、「主人がとっても好きだった聖歌を歌ってほしい」ってことで歌ったんですけど、それが「主よみもとに」なんですよ。「しゅーよ、みもーとに、ちーかーずかーん」……ご存知、ご葬儀でよく歌われる歌です。亡くなった方はずっと闘病なさっていたので、もしかするとご自分の葬儀のことを思い巡らしていたんでしょうか。とっても好きな聖歌が「主よみもとに」だったっていうのが、心に残りました。昨日も歌いながら、いい曲だなあ、って思いましたよ。「主よ、みもとに、近づかん」。それこそは、信仰の基本です。この世を離れる時だけでなく、僕らは生きている以上、日々みもとに近づいているわけですし、「のぼるみちは、十字架にあり」ですから。主に向かう道を、一緒に希望をもって歩んでまいりましょうっていうことでしょう。

実を言えば昨日のご葬儀は、個人的にはとっても切ないご葬儀でした。おととし浅草教会で、私が洗礼を授けた方なんですよ。穏やかで、優しい方でね、私、大好きでした。素直で、まっすぐなんです。私、自分がひねくれてるからだと思うんですけど、素直な人、まっすぐな人と一緒にいると、幸せな気持ちになってね。彼とお話するのが、楽しみでした。あの頃はまだ、入門講座でも「一緒ごはん」をやってましたから、食事しながらいろんな話もしましたし、彼も喜んで私の話を聴いてくれました。神父はせっせと福音を語るわけですけども、素直にそのまんま受け止めてくれると、こっちも素直に嬉しくなるもんなんですよ。ああ、神父やっててよかった、福音を語ってきてよかったって思えますから。

彼は、教会に来始めたころは、洗礼を受けようとは思ってなかったんですね。だけど、繰り返し福音を聴き、福音を信じる仲間たちと出会い、家族的に食事を重ねていくと、心が動いていくわけですよ。ご葬儀の前に、改めて受洗前の面談ノートの彼のところを読んでみたら、そのことが書いてありました。「通っているうちに、素直に洗礼を受けようという思いになりました」って。彼は、元気だったときは意気揚々と働いていたんですけど、ご両親が病気になり、叔父さんや叔母さんも入院し、何もできずに悩んでいるうちにうつっぽくなり、自分も病気になり、そんなとき、教会の聖堂に座って祈ったり、ミサに出たりするととっても癒されるし、なによりも心がリセットされて、ずいぶん救われたと。さらには、私の入門講座では「すべての人はもうすでに救われている」と聞いて、それが身に染みて理解できたそうです。そうして信者のみなさんと交わるうちに、もしもこんな救われた気持ちがずっと続くようなら洗礼を受けようかと思い、実際にそれが一年半続いたので、本当に素直に洗礼を決心したと。

どうですか、みなさん。みなさんもね、いろいろあるでしょうけど、ミサにあずかれば、癒しの力が働きますよ。リセットされますよ。いろんな悩みから解放されるというか、邪魔なものが取り払われて、素直になる、まっすぐになる。まっすぐになれば、いろんなものが流れる。聖霊の息吹を感じる。イエスさまが来られる。邪魔なものが取り払われて、神の愛がまっすぐに届く。彼がミサで直感したのは、それだと思うんですよ。世の中はいろんな邪魔な物で詰まってますけど、ミサに来れば、そこは癒しの場だし、リセットのときだし、人間の本来というか、愛の本来というか、命の本質に触れることができて、リセットされる、そんな思いがずっと続いたので、彼は素直に洗礼を受けようと思いましたって。

洗礼式は、一昨年は浅草教会の復活の主日のミサでやりました。でも彼は、その前日、上野教会の私が司式していた復活徹夜祭にも来てたんですよ。上野のみなさんともすでに教会家族だったってことです。昨日は奥さまが「家族葬にしたい」っておっしゃるので、「教会家族葬」にしました。信者ではない奥さまが、コロナ禍ということもあって、すでに火葬なさってたんですね。でも、ご主人が洗礼受けてるってことで、教会でちゃんとお祈りしてほしいって連絡がきたので、「私たち教会の仲間たちは家族ですから、お骨を囲んでの家族葬のミサをいたしましょう」って申し上げて、それで昨日の葬儀ミサだったんです。実際にはどこかで聞きつけて職場の方も大勢来られたんで、集まった方々に、カトリック教会というものは血縁を越えた家族だ、このミサに出ているみなさんもすでに家族だ、というお話をしました。「今日初めて教会に来た方もおられるでしょうが、かつてこの教会を訪ねてきた故人のように、みなさんも悩んだり困ったりすることがあったら、ぜひお訪ねくださいね。もう家族なんですから」って申し上げました。奥さまも、教会でミサができて、とても安心しておりました。

今日の福音書に、洗礼者ヨハネが「悔い改めの洗礼を宣べ伝えた」（ルカ3・3）、とあります。洗礼っていうのは、どういうことか。この洗礼者ヨハネのことをイザヤが預言してるわけですが、それは「主の道をまっすぐにすることだ」と。谷を埋めて、山を低くして、曲がった道をまっすぐに、でこぼこの道を平らにする。「通り道」ってことです。通るって、何が通るんですか。救い主が通る。神と人が通じるんです。邪魔なものを取り払えば、神の救いとまっすぐにつながって、神を仰ぎ見ることができる。洗礼って、みなさんも受けているわけですけど、普通には、ちゃんと勉強して教会にもなじんで、信者にふさわしい生活をして洗礼を受けるものだって思ってるかもしれませんけど、逆なんですね。むしろ、こんな自分はダメだっていう思い込みや、自分は何も分かっていないからふさわしくないとか、そういう囚われを取り払って、神の愛を素直に受けてまっすぐになると、神の救いを仰ぎ見ることができる。聖霊がまっすぐにやって来て神の子となる。イエスと結ばれてその境地に入ることが、洗礼を受けるってこと。

洗礼を受けた人たちがこうして集まっている、このミサは、元気に立派に生きているつもりの、世間の価値観とは全然違うんです。自分そのままで、素直に、天に直結。自分らしくない邪魔なものを取り払って、素直に神の愛を受け止めます。私たちは愛されているんだ、私たちは家族なんだ、助け合う仲間だ、素直にそう思った人たちが洗礼を受けて、神さまの御前で正直に「こんな自分だけれど、よろしくお願いします、救ってくれてありがとうございます、あなたの愛を信じます」と、心を開く。本当は素直になるのって、そんなに難しいことじゃありませんよ。ヨハネの洗礼も、大勢の人が来て次々受けてますけど、長い講座を受けてから水かけてもらうってわけじゃない。素直に改心して、神さまに心を開いて、本来の人間のまっすぐなものを取り戻そうとする、シンプルな洗礼です。待降節は、このまっすぐさを取り戻すとき。

昨日のご葬儀の前ですけど、洗礼面談もありました。司祭としては、洗礼面談で洗礼許可を出すときほど嬉しいことはないんです。洗礼を願い出た人に、面談して洗礼許可証にサインして渡す、そのときにその人は正式に洗礼志願者となる条件が整う、ほんとうに嬉しい瞬間です。今日、そういえば宣教地召命促進の日ですよね。宣教地での、宣教するキリスト者の召命を促進する日でありますけど、宣教地ってどこの国のことですか、みなさん。まずは、日本です。ここって、宣教地でしょ？　一パーセントしかキリスト教信者のいない国って、どう考えても宣教地です。つまり、どこか遠い国の召命を願うんじゃなくて、日本での召命を促進するっていう話。今日、拝領祈願のあとでそのための祈願をするんですけど、その中に、「司祭が喜んでいる姿が、召命に繋がりますように」っていう言葉が出てきますよ。司祭が、喜んでいる姿。大切ですね。そりゃあやっぱりね、神父がつまらなそうに生きていて、疲れた顔でイライラしながら文句ばっかり言ってたら、誰もついてきませんよ。人のこと言えませんけど、少なくとも私から若い方に言いたいのは、司祭として洗礼授けるときって、本当に嬉しいんですよ、喜びがあるんですよって、これは申し上げておきたい。

昨日ご葬儀した方もね、私が、洗礼証明書にサインしたんです。洗礼面談の記録にも彼の言葉が全部書いてあります、「福音に癒されて、救われた、素直に信じて洗礼を受けたい」って、彼はそう思ったんです。その二年半後には亡くなってしまって、切ないし残念ではあるけれども、その2年半の間、それは彼にとっては「主よ　みもとに　近づかん」という、とても幸いな日々だったはずですし、彼をその主のみもとへお招きできたことは、司祭として大きな喜びです。そのうち私も天に召されて、彼とも再会するわけですし、彼は「神父さん、福音を伝えてくれてありがとう」って言うでしょうし、私は「いやこちらこそ、洗礼を受けてくれてありがとう」って言うでしょう。ね、洗礼は大きな恵みですよ。ここは宣教地なんだから、もう少しみんなで信じた喜びを、素直に、正直に表明して、主の道をまっすぐにして、救いを求めている人に神さまの恵みがちゃんと届くように働きましょうよ。

その、昨日のご葬儀の前の洗礼面談ですけど、これがね、本当に嬉しかったんです。洗礼を申し出てくれたこと、何よりも教会を信じてくれたことが、嬉しかった。洗礼面談のときはいつも受洗動機書というのを書いて出してもらうんですけど、そこにいきさつが丁寧に書いてありました。本人がそれをみなさんに言ってもいいって言うんで、ここで分かち合いましょう。

その方は、長い間、病院の精神科に入院してたんですね。だけど、いろいろとつらいことがあって、逃げ出しちゃったんですよ。「逃げる」って言うのは違うな、どこに入ろうとどこから出ようと、自分のことを自分で決める権利はありますから、「もうここにはいられないと決心した」ってことですね。扱いがひどかったってこともあるし、病院側に携帯を預けてあったんだけど、思い出があってとても大切にしていた携帯のストラップを、誰かに勝手に切りとられてしまっていたとか、様々な理由もあって、ともかく出て行こうと。でも、その方は、出ても行くところがないんです。そういう人、少なくないですよ。行くあてがなくて、仕方なく精神科に長期入院している人って。その方も頼るところがなかったんだけど、勇気を振り絞って飛び出しました。そうすると、そのままだと路上生活になってしまうわけで、さらに勇気を出して、とある教会に飛び込んだんですね。「泊るところがありません、何とか助けてください」って。ところがですね、「うちでは対応できない、そういう話なら晴佐久神父の所に行くといい」って言われたと。

そういうこと言う教会、少なくないんです。何もしないで「あそこに行け」って。実際にそう言われたっていう人が結構来ます。まあ、そういう風に思われてるっていうのはね、私は名誉なことだと思いますけど、これって良く言えば「ご案内した」、悪く言えば「丸投げした」っていうことですかね。まあでも、おかげでこの上野教会に来てくれたんで、私は当面の宿代を御用立てして、食品を援助して、急場をしのいでいただきました。そのうちに、上野教会の近くに住みたいということで、区役所の福祉に相談して近くに住まいを得て、晴れてこの教会に通うようになり、入門講座にも熱心にいらして、そして昨日の洗礼面談だったんです。受洗動機書には、こう書いてありました。「見ず知らずの人をそこまで助けてくれる教会という所に感銘を受けて、これこそキリストさまの愛だと信頼して、私も求道者となり、洗礼を受ける決意をしました」。

こんな嬉しいことないですよ。宣教地で、キリスト者に出会い、「これこそキリストさまの愛だと信頼して、洗礼を受ける決意をした」。でも、よく考えると、私たちもみんなそうだったんですよね。特に戦後の日本なんか、宣教師たちのおかげで、キリストさまの愛とはこういうものかっていう体験をして、洗礼に導かれたじゃないですか。かくいう私の母だって、そうですし。司祭に、キリスト者に、救われる。救われて、素直に、信じる。「見ず知らずの人を、そこまで助けてくれる教会に感銘を受けた」っていうのはうれしかったけど、私、昨日、その方に申し上げました。「見ず知らずって言えばそうかもしれませんけど、私は初めて会ったときから、ああこれは神さまが出会わせてくださった家族だと思ったし、当然のこととしてお世話しただけです。それに感銘を受けてくれたのは嬉しいけれど、キリスト教信者が困っている人をお世話するのは、ごくごく当たり前のことなんですよ」と。そうでしょう？　私は、そう思う。そして、「多分、携帯のストラップを切ったのは、聖霊だったんですよ、だっておかげでここに導かれて、洗礼を受けることになったんですから。もう安心して洗礼を受けて、これからは何があっても大船に乗った気持ちで、信仰生活を歩んでくださいね」と申し上げました。

来年の復活祭の、洗礼式です。楽しみですね。上野教会の次の復活徹夜祭は、私の司式です。昨日のご葬儀の方が、三年前、浅草教会での受洗の前夜に参加していた、上野教会の復活徹夜祭です。受洗者の上に、神さまの力がまっすぐに働く瞬間です。どうぞみなさん、受洗者のためにお祈りください。曲がった道を、まっすぐに。でこぼこの道を、平らに。人はみな、神の救いを仰ぎ見る。旧約の預言が、上野教会で成就しますよ。

（二〇二一年一二月五日）

自分自身に傷を残したい

ルカによる福音書3章10〜18節

そこで群衆は、「では、わたしたちはどうすればよいのですか」と尋ねた。ヨハネは、「下着を二枚持っている者は、一枚も持たない者に分けてやれ。食べ物を持っている者も同じようにせよ」と答えた。徴税人も洗礼を受けるために来て、「先生、わたしたちはどうすればよいのですか」と言った。ヨハネは、「規定以上のものは取り立てるな」と言った。兵士も、「このわたしたちはどうすればよいのですか」と尋ねた。ヨハネは、「だれからも金をゆすり取ったり、だまし取ったりするな。自分の給料で満足せよ」と言った。

民衆はメシアを待ち望んでいて、ヨハネについて、もしかしたら彼がメシアではないかと、皆心の中で考えていた。そこで、ヨハネは皆に向かって言った。「わたしはあなたたちに水で洗礼を授けるが、わたしよりも優れた方が来られる。わたしは、その方の履物のひもを解く値打ちもない。その方は、聖霊と火であなたたちに洗礼をお授けになる。そして、手に箕を持って、脱穀場を隅々まできれいにし、麦を集めて倉に入れ、殻を消えることのない火で焼き払われる。」ヨハネは、ほかにもさまざまな勧めをして、民衆に福音を告げ知らせた。

いかがですか、バラ色の祭服、きれいでしょ？　これ、中国センターが貸してくださいました。待降節第三主日、「喜びの主日」の典礼色です。素直に喜びましょうね。ちょっと喜びが足りないですから、私たち。神さまは、喜ぶべき条件を全部整えてくださっているのに、私たちが何だか疑って、勝手に怖れて、しまいに悲しみ始める。喜びを無駄にしてしまっていませんか。待降節の味わいは、「もうすぐ主が来られる、いやもうすでに来ている」っていう喜びにあります。神は私たちを、もうすでに愛しています。その愛の中で、私たちも神を愛します。そんな喜びに満ち満ちた日々を過ごしつつ、クリスマスを迎えます。

ただですね、この喜びには秘密が隠されていて、私たちが神に愛される喜び以前に、神が私たちを愛する喜びってのがあるんです。神の喜び。そこがね、喜びのカギです。今日は、神の喜びの主日でもあるんですよ。そういうテーマがね、今日の聖書にも秘められています。私たちの事を、神が喜んでいるという。

イエスさまが「聖霊と火で洗礼をお授けになる」って言う言い方がここにありますけど、聖霊のことを私は「神の親心」って翻訳しています。お手元の「聖書と典礼」には「神のいのち」っていう解説もありました。いずれにせよ、「無償で与える、純粋な愛」のことですね。まあ、親であれば当然、わが子に命を与え、愛を与え、喜びを与えるわけで、それはなぜそうするかって言うと、与えたら自分も嬉しいからでしょう。この関係が、親子ってことであり、分かちがたい神と人の繋がりです。神は、喜びを与えます。私たちはその喜びをいただいて、喜びます。そうして私たちが喜んでいると、神もわがことのように喜びます。世界って、要するにそういうことです。

赤ちゃんが笑っていると親も笑顔になるじゃないですか。洗礼っていうのは、ただの教会加入式じゃなくて、神という親と、私たち神の子とが、本当に親子の愛で結ばれて、一緒に喜ぶ。その喜びを目に見えるしるしとして表すことなんですよ。ですから、今洗礼準備している方に申し上げたいのは、みなさん自身が「洗礼を受けることができて嬉しいな」と感じてるでしょうし、教会の仲間たちも「洗礼授けることができて嬉しいな」と思うわけですけど、実は洗礼式でみなさんが水をかけられてるときに、一番喜んでるのは神さまだってことです。

そもそもあなたがこの世界に生まれたときに、神さまは喜んでます。生みの親ですから。だけど、わが子がその親の愛に次第に気づき始め、やがてニッコリして「ママー」なんて呼ぶとき、ほんとに親は嬉しいじゃないですか。生まれてきたときももちろん嬉しいんだけど、ちゃんとこの親に気づいて「ママー」なんて言ってくれると、ほんとに嬉しい。洗礼はね、神の子が親の愛に目ざめて、「あなたこそ私のまことの親です、あなたの愛を心から信じます」って言うとき、すなわち、神に向かって「ママー」と呼びかける、そういう儀式ですね。ですから、地上での洗礼を受けようと受けまいと、もうすでにわが子を生んだ親の愛と喜びは何も変わらないんです。ただ、子どもの側で、その愛に目ざめて「ママー」って呼びかける、「天の父よ」って祈る、そのときは、いっそう喜んでおられます。

その意味で言うと、イエス・キリストは長男みたいなもんなんですね。親の愛に完全に目覚めている長男。その長男が、親と心をひとつにして、親に成り代わってね、弟や妹たちに、パパとママの愛を一生懸命伝えてるってわけです。「パパとママはこんな素晴らしいんだよ、こんなに優しいんだよ」って事を、それこそ命がけで教えてくれて、それで弟や妹たちは「分かりました、信じます」と言う、そのとき長男はもちろん、パパとママはほんとに喜ぶんです。

洗礼式のとき、そんな、神の喜びってことをイメージしてほしい。洗礼を受ける前から、自分が生まれて来て生きてるだけで親は喜んでいるし、洗礼を受けるときすなわち、パパ、ママ、愛してるよって言うとき、いっそうパパもママも喜ぶっていうイメージです。まあ、そのために生んだようなもんですから。子育てって大変ですし、子どもが色々問題を起こせば起こすほど、手がかかればかかるほど親心も膨らむわけですけど、そんなわが子が「パパ、ママ、ありがとう」なんて言ってくれると、もう嬉しくて泣いちゃう、みたいな。

私自身は子育てはしたことないんで、そんな喜びを体験できないというか、まあ、神父はしょうがないですけど、それでも今年は、小さな命を育てる体験をしました。

先日友人たちを招いて小さな食事会をしたんですけど、チーズフォンデュとブイヤベースを用意したんですね。っていうのは、この春から浅草教会の屋上でプランター菜園を始めたんですけど、その収穫物を食べる会だったんです。コロナで閉じこもってたってこともあってね、ミニトマトにカラーピーマン、イタリアンパセリとかアシタバとか、シソとか。サフランも育てて、雌しべを乾燥させて、ブイヤベースに使ったし、よく育ったのはツルムラサキ、これは元気にどんどん伸びたんで、茹でて食べました。一番手間かけたのが、大好きな芽キャベツ。種から育てて、芽が出て少し大きくなったら移植してって、色々工夫してやってみたんだけど、これが、うまく育たなかった。プランターでは限界だったのかもしれない。ちゃんと肥料もやったし、手間暇かけたんですけどねえ。台風のときは室内に運び込んだりまでして。

芽キャベツで大変だったのは、アブラナ科ですからいっぱい青虫がつくんですよ。知らぬ間にチョウチョが卵産みつけて、もう無数の青虫がわいてきて葉っぱを食べちゃう。それで、毎朝毎朝、ピンセットで取りました。一匹、また一匹って、百匹以上取ったかな。ただ、気が弱いもんだからそれを殺せなくて、屋上の端まで行ってはね、ぽいっと下の庭に落としたりして。あれは嫌なもんですね、ピンセットでつまむと身をよじるんですよ。

可哀そうだけど、ごめんねって感じで、ぽいっとね。そんなに苦労したのに芽キャベツ、小指の先みたいなのしかできなくて、いくら待ってもそれ以上大きくなりませんでした。それでチーズフォンデュにしたんです。蒸して、チーズをからめて食べたら、なかなか美味しかったですよ、ちっちゃくてもちゃんと芽キャベツの味で。

それはいいんですけど、その芽キャベツを摘むときにですね、心が痛むんですよ。あの気持ちって、何なんですかね。やっぱり手間がかかってるじゃないですか。わざわざプランターを買ってきてね。種をまいた日のワクワク感。芽が出たときの感動。台風の日は中に入れ、陽射しが強いといえば日陰に移し、毎日水をやって肥料をやって、青虫を一匹一匹取ったんです。それでようやく、ちっちゃいビー玉みたいなのが、茎の周りに並んで実ったわけですけど、それをポリっと取るときに、心が痛むんですよ。キャベツなのにね（笑）。あの気持ちは、やっぱり手間暇かけたからだし、どうせ食べちゃうにしても、情が移ってるというか、まあ、ちょっとだけわが子気分なんですよね。だって、可愛いんです。

まあ、芽キャベツ育てたくらいで神さまの親心を想像するのもなんですけど、でも思うに、神さまの愛とか喜びとかって、実はとってもシンプルで、もの凄く身近なことであるはずなんですよ。そうじゃなきゃ、感じられないじゃないですか。洗礼式ってね、神の喜びをとっても単純に、身近に感じるためにやってるようなもんです。そもそも、みんなもう知ってるはずですよ、親の喜び。この世の親だって、手間暇かけるじゃないですか。みなさん、そうでしょ？　おむつ替えて、ミルク飲ませて。わが子に対する愛情、それは時には執着と言っていいくらい激しいものもあるわけですけど、神さまはそれどころじゃない、それに倍する激しさで、それの何乗倍くらい手間暇かけています。ずーっと共にいて、それこそ青虫一匹一匹取るみたいに、一人一人のわが子を愛して育ててきました。それはもう、みなさんの肉親以上に、身近です。たとえイメージできなくても、事実は事実です。

洗礼式っていうのはね、そんな親心に全面的に信頼して、ここから先はもう、私を愛するこの神をこそまことの親として生きるっていう、ある意味出家なんです。ま、血縁の親もいるんだけれど、洗礼から先は、神という親と共に生きてその親の喜びとなっていく、そんな親子関係を生きていきます。神さまにだって育てる喜びがあるんだから、ポンと子どもを産んでそれで終わり、じゃないでしょう。育てるプロセスを忍耐強く楽しんでおられるし、育ってくれると本当に喜んでおられる。

今、洗礼面談って言うのをやってますけど、洗礼に至るそれぞれのプロセスを聞くとやっぱり感動しますよ。一人一人、色んな人生を生きてきて、キリスト教に出会って救われて、迷いながらも洗礼を決心して。それはやっぱり、神のわざなんですね。神の招きであり、神と人がほんとに親子として結ばれる、そこに神ご自身が導いてるんですよ。神が、育ててるんです。そこに感動する。洗礼を受けているみなさんも、神がそこまで育てたってことで、神にとってはご自慢のわが子なわけです。

何日か前に面談して、洗礼許可を出した青年がいるんですけども、面談のあと、ちょうど信者のみなさんが別の部屋でお祈りしてたんで、そこに連れて行って、「今、この彼に洗礼許可を出しました。この教会に新しい子が生まれますよ、みなさんで受け入れてくださいね」って報告しました。喜びの報告ですね。まだ洗礼前だから、誕生の報告じゃないですけど、妊娠の報告みたいな（笑）。子どもが生まれますよってね。そこにいたみんなで、「おめでとう」ってね、一緒に感謝のお祈りをしました。ほんとに嬉しい事ですから。

その彼の洗礼動機なんですけど、ちょっと感動的なんです。「自分は長いこと引きこもりだったし、どれだけ寝たか分からないくらい寝ていた。人生において、様々なことにずっと悩んできた。だけど、キリスト教に出会い、自分の絶望を救うのは神の愛しかないって言う信仰に導かれた。自分はもうその神の愛に救われていると信じることができたので、洗礼までは受けなくてもいいとも思ったんだけれども、やはり受けることにした。それは、洗礼によって、自分自身に良い意味での傷を残したいからだ」と、そういうようなことなんですね。感動したのは、「自分自身に傷を残したい」っていう、その覚悟です。本人はそのことを、「自分はこれからも悩んだり絶望したりする事もあるだろうけれど、そんなときに、神との切っても切れない絆を思い起こして、神の愛を信じ切る、洗礼をその消えないしるしにしたい」って、言ってました。

それを聞いて、私、イエスの傷を思いました。イエスが十字架上で傷を負っているのも、あれはもう、覚悟の傷ですよね。自ら傷を負ったんだから。神の愛のみを完全に信じ切る、あの十字架こそがイエスにとっては最終的な洗礼になってるんですね。神と結ばれる、目に見えるしるしなんです。この傷によって、私は神の愛に打ち付けられるという覚悟ですよ。ほら、腕に入れるタトゥーとかあるじゃないですか、彼女の名前をね（笑）、腕に刻みつけちゃったりして。で、別れちゃったりして（笑）。消すに消せない。まあ、若気の至りでね、ついつい盛り上がってとか、分からないでもない。愛なんて目に見えないですからね、何か消えない形にしたいと。まあ逆に言うと、イレズミしなきゃ心配な程度の愛なのねっていう（笑）。だけどね、本当はあれ、心配だから刻みつけるんじゃなくて、刻みつけた以上は死んでも別れない、っていう覚悟を表してるはずでしょう？

そうそう、私、子育てした事ないって言いましたけど、実は一人育てた子がいるんですよ。私の説教の最多登場人物で、ご存知かもしれませんけど、家出して転がり込んで来て、もう一〇年前からずっと世話してきた子ですけど、うつで苦しんで、自殺未遂してっていうのを、まあわが子同然なんで、なんとか自立するまで育てました。もう、思い出すと大変でしたけど、まあなんとか今は元気でやってます。その彼がですね、あるとき腕にタトゥーを入れてきて、それが私の名前なんです。名前っていうか、彼は私を「はれれ」って呼んでるんですけど、それで「８００」が、シンボルの数字なんですね。ちなみに私の車のナンバーもずっと８００にしてるんですけど、その８００をタトゥーにして、「はれれれをタトゥーに入れてきた」って。正直、ちょっと、引きましたよ（笑）。おいおいって思いましたけど、よくよく聞けば、それが彼の覚悟なんですね。彼の思いの中では、もう、私が教会のシンボルなんですよ。彼をカトリックの信仰に招き入れたのは私ですし、タトゥーは、彼にとっての洗礼みたいなもんで、神を信じるその信仰からもう決して離れない覚悟の表現なんだと。彼はもう、僕から聞いた福音を信じたし、福音家族との繋がりを信じたし、もうそこから離れない。それは彼の命を救った信仰であり、彼を今も生かしている教会であり、福音家族の仲間たちであって、そこから生涯離れない、そのしるしなんです。

どうですか、洗礼を準備しているみなさん、本物の覚悟が必要ですよ。「いい意味で傷を残す」覚悟、ありますか。でもそれは、自分で刻むんじゃない、神さまが刻んでくれる傷ですし、それどころかですよ、神さまご自身も自分に傷を残してるんですね。イザヤの預言にありますでしょ、四九章ですか、みんな勝手なこと言ってね、神は私を見捨てたとかっていうけど、神は言います。「母親が自分の乳飲み子を忘れる事があるだろうか」と。「自分の産んだ子を憐れまないだろうか」と。「たとえ母親たちが自分の子どもを忘れたとしても、わたしは決してあなた方を、忘れない」と。そして言うんです。「見よ、わたしはあなたの名をわたしの手のひらに刻む」。美しい宣言ですね。タトゥーなんですよ。消えないんです。刻んじゃったんだから。

親としては、子どもを産むのって命がけですし、あなたを生んだのは、傷を覚悟の上なんです。子どもにしてみたら、親ガチャじゃないですけど親を選べませんから、その親を信じてついていくしかないわけですし、もしもその親が本気じゃなかったら、絶望しかないでしょう。しかし、安心してください、まことの親である神は、あなたの名前を自分の手のひらに刻みつけています。それほどに愛しているわが子が、自分の愛に目覚めてくれた、そのしるしとしての洗礼。みなさんが洗礼を受けるとき、神さまは泣いて喜んでますよ。

（二〇二一年一二月一二日）

神のことばは実現する

ルカによる福音書一章三九〜四五節

そのころ、マリアは出かけて、急いで山里に向かい、ユダの町に行った。そして、ザカリアの家に入ってエリサベトに挨拶した。マリアの挨拶をエリサベトが聞いたとき、その胎内の子がおどった。エリサベトは聖霊に満たされて、声高らかに言った。「あなたは女の中で祝福された方です。胎内のお子さまも祝福されています。わたしの主のお母さまがわたしのところに来てくださるとは、どういうわけでしょう。あなたの挨拶のお声をわたしが耳にしたとき、胎内の子は喜んでおどりました。主がおっしゃったことは必ず実現すると信じた方は、なんと幸いでしょう。」

いやあ、寒いですねぇ。だいじょうぶですか、みなさん。私は昨日、寒い中うろうろして、もう少しで風邪ひくとこでした。午前中から歩き回って、午後は上野で待降節のゆるしの秘跡のあと、うぐいす食堂で路上の方たちに食事をふるまい、それからいやしのミサをやって、そのあと浅草に移動して、信者ではない方中心の福音家族。寒い中あれこれがんばりすぎて、夜には頭痛が始まったんで、「あ、これ、やばいな」って早めに寝ました。ぐっすり寝たら、今朝はスッキリさわやか。良く寝たあとのさわやかな気分、声に現れてますでしょう？（笑）。

まあ、でもね、こうして教会のため、福音のために奉仕できるってのは幸いですよ。さっき、エリサベトがマリアさまに言ってました。「主がおっしゃったことは必ず実現すると信じた方は、なんと幸いでしょう」（ルカ1・45）。信じた方は、幸いだ、と。だけど、その幸いのためには、まずは主の言葉を信じなきゃならないし、信じるためには、まずは主の言葉を聞かなきゃならないじゃないですか。聞いてないものを、どうして信じられますか。だから、みんなを幸いにするためには、「神のことばを聞かせる」のが、ほんと大事なことだし、聞かせるために「神のことばを携えて出かける」、「神のことばの元へお招きする」っていうのも、とっても大事な奉仕なんです。ある人にとっては、そうして神のことばに触れたことによって人生がまったく変わってしまうってことが、確かにありますから。それを思うと、寒空の下でがんばって福音に奉仕するのって、大切な使命、使徒職だと思います。

今、私、毎晩感動しながら、浅草教会の庭の馬小屋の電飾を眺めてます。素晴らしい。まだ夜に見てないっていう人、います? 一生後悔しますよ（笑）。これ見ないと。ほんとに素晴らしい。ベトナムの子たちがね、一日中熱心に、それこそ寒空の下で何日もかけて、作ってくれました。楽しそうにね、一日中、笑い声が絶えなくって。若い人たちがあんなふうに楽しく準備してたら、道行く人も幸せになるし、教会の印象もちょっとは明るくなったんじゃないかな。繰り返しやり直しながら、脚立に上って星のところを少し変えたり、何度も離れて見ては、「もう少しああした方がいい、こうした方がいい」って、夢中になって準備してくれました。あれは、みんなを幸せにしますよ。

気持ちが表れるんですよね、こういうことって。本気を出すと、必ず伝わります。高く掲げた星のキラキラ。暗がりに浮かび上がる、洞窟の中の聖家族。庭いっぱいにロープを張って、無数の豆球をぶらさげて。司祭館の二階にいると、道行く人がみんな、足止めるのが見えるんですよ。「お、すごい」「きれいだねー」とか、語り合う声も聞こえますし、スマホで写真撮ってる人も多いし、それこそSNSで拡散してるんじゃないですか。「うちの近所の教会。めっちゃキラキラ」とかって（笑）。それはもう、一目でわかりますから、本気かどうかって。例年それなりに電飾はしてますけど、どうしても「去年と同じでいいよね」ってことになりますから、「お、今年は違うぞ」って立ち止まらせる、その「本気度」が、人の心を動かすんですよね。それこそ、福音のための立派な奉仕です。

実際ですね、木曜夜の入門講座に一人の若い青年が来たんですけど、「初めまして、ですよね」って声を掛けたら、「通りすがりに電飾見て、あんまりきれいなんで入ってきました」って言いましたよ。私、ついつい、「飛んで火にいる夏の虫ですね（笑）」とか言っちゃいましたけど。もっともこれは、電飾だけでもダメで、「わぁ、きれいだなー」って足を止めると、そこに「入門講座開催中、どなたでもどうぞ」っていうカフェボードを出してあるんです。ワナですね（笑）。それで、ふらりと入ってきたら、神父が熱心に福音を語ってるわけで、その日も、その初めてきた人向けに語りました。その方、聞きながら頷いてましたよ。「そうだ、ほんとにそうだ」みたいな感じで。さらには、講座のあとで、私の主催のコンサートのチラシを渡して、「入門講座の方は無料でご招待しますよ」ってお誘いしたら、「いいんですか!? 行きます」って言うんで、すかさずチケットを渡したんですけど、そのチケットは、同じ入門講座に参加している人で、友だちになれそうな人の隣のチケットなんです。さっそくその場で「当日は、この彼が隣です」って紹介しました。「よろしくお願いします」なんて、挨拶し合ってましたけど、どうですか、なかなか巧妙でしょう？（笑）

そうして、その方が来月のそのコンサートに来ると、そのすぐ後ろにはずらりと、この電飾を作ったベトナムの子たちが並んでるんですよ。困窮者支援のためのチャリティーコンサートですけど、当日、困窮している当事者も招待するというコンサートですから。ベトナムの技能実習生と留学生二〇人招待しましたし、他にも難民の方二〇人、路上生活の方二〇人、心の病を抱えている方二〇人、入門講座に通っている方などなど、生活困窮の方を中心に一五〇名くらい招待しました。そんな、ちょっと小さな天国みたいなコンサートですから、その方もきっと、「ああ、自分は、神に招かれてるんだ」って気づくと思いますよ。

ですから、ベトナムのみなさん、ありがとうございます。みなさんの本気のご奉仕のおかげで、一人、神のことばの元にお招きできましたよ。あれ、光ってなかったら、入ってこなかったんだから。そう思うと、誰かが、時には人生で初めて神のことばに触れる、その接点って、すごい重要じゃないですか。そこがつながらないと、もう二度と神のことばに出会えないかもしれない。だったら、もうちょっと光らせるとか、ちゃんとカフェボード出すとか、勇気を出して声かけるとか、チャリティーコンサートに招待するとか、なんかこう、もう少し本気でやってみようよってことですよね。それで誰か救えるかもしれないんだから。私たちはただもう、聖母のように、「神のことばは必ず実現する」と信じればいいんです。「そのことばに奉仕したい」、「そのことばを聞かせたい」という、本気の思いを持って。

昨日、いやしのミサ、「おかえりミサ」やりましたけど、来られていた一人の方のこと、ご紹介しましょう。その方、一八歳のときにお母さまを自死でなくしているんですね。これはもう、当事者でないとなかなかわからないつらさを抱えてます。自死のことって、なかなか人に言えませんからね、しかも自分の母親ですよ。まだ一八歳で、その思いを一人で背負うわけですから、つらかったと思う。そのせいもあって、三〇歳の頃に心の病を発病いたしました。これもまた、つらい。他の病気だったら、「こんなふうに苦しい」ってみんなに言えますけど、心の病は偏見もありますから、なかなか誰にも言えない。どんどん孤立していくわけです。

ただそのころ、理解あるご主人と出会って、その方にも励まされて、彼女は勇気を振るって近くの教会の門を叩きました。教会ならこの苦しみをわかってくれると思ったからです。ところが、訪ねて行ったら、ちょうど神父がテレビでサッカー観戦をなさっている途中で、たぶんワールドカップかなんかじゃないですか、「今はそれどころじゃない」と追い返されたっていうんです。まあ、サッカーがお好きな神父さまなんでしょう、お気持ちはわからないでもないですけど、勇気振るって訪ねて行ったら追い返されるって、かなりきつい体験です。「教会からも見放されるなら、私はもう救われないんじゃないか」と思ったそうです。

でも、おかげさまでと言うべきか、次に近いカトリック高円寺教会を訪ねてくださったんで、お会いできました。あのころは「ウエルカム教会にしよう」ってね、教会の入り口に売店をつくったり、誰でも寄れるお茶の間をつくったり、ともかく苦しむ人を受け入れよう、孤独な人に神のことばを知ってもらおうって、教会あげてお招きしてました。実際、毎年八〇人とか九〇人とか洗礼を受けてましたよ。「神のことばに出会う」ことが、どれほどすごいことか。その言葉を「信じます」と言って洗礼を受けることがどれほど恵み多いことか、私は知っています。彼女は土曜の夜に最初に来て、「ここならだいじょうぶだ」と思って、翌日の日曜日に、人生初のミサに参加しました。そこで神父の説教を聞き、福音を知って、「ああ、私は救われた」と、「イエスさまに出会えた」と、そう思って、翌年洗礼を受けました。

そうは言っても心の病は続きますし、そのあと悪化して家から出られなくなり、次第に教会に来られなくなり、今年まで一五年間、教会から離れてしまいました。ただ、その間、私が多摩教会に移ってから、「心の病で苦しんでいる人のためのクリスマス会」とか、「心の病で苦しんでいる人のための夏祭り」とかをやってたんですけど、そこには、というか、そこにだけは来られたんですよね。細い糸一本のつながりです。「心の病で苦しんでいる人のための」っていう冠がついてますから、「ここなら行ける」っていうことで、なんとか出てこられたんですけど、とってもうれしかったそうです。

それが、今年になってから特に調子が悪くなって、ついには入院の話が出てきました。それは彼女にとっては相当な衝撃で、もう自分なんかは救われないんじゃないか、神さまなんかいないんじゃないか、そういう思いが極まったのが、先月の一一月です。悪循環で、入院は嫌だと錯乱し、そうするとますます入院しかないってことになり、でも絶対にいやだ。主治医との信頼関係も崩れて、孤立して、ますます錯乱する。入院すると、最初はカギのかかる保護室に入ったりしますから、それこそ私みたいに閉所恐怖があると耐えられませんよ。心の病って、いい環境なら自然と癒しの力がわいてくるんだけど、悪い環境だと、「錯乱する、仕方がないから拘束する、それでもっとおかしくなる」っていう悪循環になっちゃうんです。彼女にとって、そんな天下の分かれ道みたいな日がありました。医者からの電話で混乱し、錯乱し、ご主人も「入院やむなし」って思っちゃって、彼女は孤立して叫び、暴言を吐いて暴れた、絶体絶命、人生最大のピンチの日。一一月二二日です。

そのとき、錯乱する彼女をケアしていた、普段は穏やかなご主人の口から、突然強い調子の声があふれ出てきたんですって。信者じゃない方ですよ。これはどうしてなのか、ご主人本人もわからないって言ってましたけど、自分の口から霊的なことばがあふれてきた、と。「あなたは今、悪霊につかれている。こういうときは祈りしかない。聖書を黙想しなさい」とか、いろいろと霊的な言葉がご主人の口からあふれてきた。教会のことをほとんど知らないご主人だったんで、彼女はびっくりして、これは神の声だと思ったそうです。するとまさにそのとき、一五年前に高円寺教会で洗礼を受けたときの代母の人からメールが入ったんですって。「今日はあなたの洗礼名のお祝い日です。おめでとうございます。いつもあなたのためにお祈りしてます」っていう、お祝いメールです。一一月二二日、誰のお祝い日かご存じですか？　そう、セシリアですよね。本人はそんなこと忘れてたわけですけど、彼女は信じました。「これは神のことばだ。神はおられる」って。信じた途端に、錯乱はすっかり収まって、入院しないですんだだけでなく、その日から病気がどんどん落ち着いて、医者も驚いているそうです。

「神なんかいるものか」って思うことはあります、確かに。苦しけりゃ、そうですよ。しかし、なんらかのしるしを見せてくださるんですね、神って。「わたしはいるよ」っていうしるし。「あなたを愛しているよ」という救いのことば。それを見逃しちゃだめです。彼女は、ご主人の口から出てきたことばを、神のことばとして聞きました。代母からのメールを神のことばだと信じました。ここが肝心。「夫までおかしくなった」ではなく、「こんなの偶然のメールにすぎない」でもなく、「これは、神からの救いのみことばだ」と、信じた。それで、その日、その場で彼女は私に電話してきたんです。「今、神秘的な体験をしました。神のことばを聞きました。ぜひ洗礼を授けてくださった晴佐久神父からゆるしの秘跡を受けて、教会に戻りたい」と。そのときは、私はなんのことやらわかりませんでしたけども、先日お会いして、すべての事情を聴き、ゆるしの秘跡をお授けいたしました。

ゆるしの秘跡ってね、いうなれば、再洗礼なんですよ。洗礼を受けたけど、教会から離れちゃうことは、あります。でも、洗礼の恵みは決して消えませんし、その恵みは長い年月をかけて育っていくんです。「晴佐久神父は洗礼を簡単に授けすぎる」とか、「ほら見ろ、洗礼を受けても教会に来なくなったじゃないか」とか、一人一人の事情も知らずに批判する人もいますけど、私はむしろそう言う人のことを心配します。だって、神の業を批判しているわけですから。一五年、待ってればいいんです。教会離れて五〇年後の聖体拝領ってのも経験したことありますよ。

その方が、昨日のいやしのミサに来られたんです。本当に久しぶりに聖体拝領をしておりましたよ。ぼろっぼろ泣きながら。ご聖体渡すほうもね、「ほんとによかったねえ」って感動しますし、これ、人間がどうこうしてる話じゃないですよね。ちゃんと聖霊が働いているんです。私なんかは、ただそれを証しするだけで、「神のことばは必ず実現する」ってことだけは、ちゃんと信じていただきたい。彼女はこれから、主日のミサに毎週通うと言っておりますが、今日は浅草教会に来ております。そこに座っておられます。あなたにとっては久しぶりの主日ミサですね。でも、ほんとによかったね。あなたには、私が確かに、洗礼を授けました。二〇〇七年。あの年の受洗者たちも忘れられません。確か八五人だか、九〇人だかいましたけど、あなたは、あの長い洗礼式で、一番初めに受けたんでしたよね。それも尊いしるしです。そのあと、どんなにつらかったかを、神はすべてご存知です。だから、もうだいじょうぶですよ。安心してください。あなたは、「神のことばは実現する」っていうことを体験したし、信じたし、だからこのあと、また試練があったとしても、だいじょうぶです。いつの日かあなたに贈られる天上の洗礼を受けるその日まで、安心してご聖体につながっていていただきたい。

さあ、クリスマス。浅草教会に、いろんな人がやって来ますよ。「神のことばを生まれて初めて聴く」っていう人もいるんじゃないですか。それがどれほど尊い、大いなる出来事か。考えてみてください。こうしている今、まだその人は聴いていないんですよ。もうすぐ、クリスマスの夜、美しい電飾につられて入ってきて、福音を聴いて救われるかもしれない。なんと幸いな恵みでしょう！　楽しみでしょうがない。

（二〇二一年一二月一九日）

降誕節

主の祈りを五〇〇回唱えなさい

ルカによる福音書2書1～14節

そのころ、皇帝アウグストゥスから全領土の住民に、登録をせよとの勅令が出た。これは、キリニウスがシリア州の総督であったときに行われた最初の住民登録である。人々は皆、登録するためにおのおの自分の町へ旅立った。ヨセフもダビデの家に属し、その血筋であったので、ガリラヤの町ナザレから、ユダヤのベツレヘムというダビデの町へ上って行った。身ごもっていた、いいなずけのマリアと一緒に登録するためである。ところが、彼らがベツレヘムにいるうちに、マリアは月が満ちて、初めての子を産み、布にくるんで飼い葉桶に寝かせた。宿屋には彼らの泊まる場所がなかったからである。
その地方で羊飼いたちが野宿をしながら、夜通し羊の群れの番をしていた。すると、主の天使が近づき、主の栄光が周りを照らしたので、彼らは非常に恐れた。天使は言った。「恐れるな。わたしは、民全体に与えられる大きな喜びを告げる。今日ダビデの町で、あなたがたのために救い主がお生まれになった。この方こそ主メシアである。あなたがたは、布にくるまって飼い葉桶の中に寝ている乳飲み子を見つけるであろう。これがあなたがたへのしるしである。」すると、突然、この天使に天の大軍が加わり、神を賛美して言った。
「いと高きところには栄光、神にあれ、
地には平和、御心に適う人にあれ。」

改めまして、クリスマスおめでとうございます！
今年も、大変な一年でした。それでもこうして、クリスマスを迎えます。私たちはキリスト者ですから、見えない世界を信じる者ですから、見える世界がどれほど大変であっても、見えない世界に希望を託します。目には見えなくとも、神さまは確かにおられます。主イエスは私たちを救うために確かに生まれてくださって、目には見えなくとも、私たちの心の内に、今も共におられます。みなさんは、それを信じてますか？

見えない世界を信じるのってね、なかなか、この科学万能主義、合理的思考の世界の中では難しい事かもしれませんが、今日、この夜は、私たちは信じます。この聖なる夜に満ちている、見えない世界の気配を感じとって、信じます。先ほど読まれた福音書にも天使の話が出てきましたけど、たぶん現代人は、天使なんて想像上の存在だろうって言うんでしょう。しかし、申し上げておきますが、天使はね、人間のどんな想像も超えたリアルな存在です。この現実以上の現実です。この現実を創っている神の使いであり、その神のみことばによって神と人を結ぶ、神の愛そのものです。その天使が、目には見えない神の愛が、目に見える幼子としてこの世界に生まれたことを、宣言しているんです。

「今日、あなたがたのために、救い主がお生まれになった」（ルカ2・11参照）と、先ほどみなさん、聞きましたでしょう。あれは、私が朗読した声じゃないですよ。みなさんの心に届いたその声は天使の声ですし、神からのみことばですし、それを耳にしたとき確かに、みなさんの内に現実に救いが生まれたんです。こんなうれしいことがあるでしょうか。「あなたがた」って、みなさんの事ですから。昔話でも、どこか遠くの話でもない。

大変な今日を生きている、みなさんの事です。この一年間、ご苦労様でした。本当に、大変でした。大変でしたけど、今日、あなたがたのために、救い主がお生まれになりました。

今朝の毎日新聞読んでたら、面白い事が書いてありました。論説委員の書いたコラムなんですけど、アメリカで一番有名な社説の話が載ってて。一二〇年以上前のニューヨークの新聞の社説です。

八歳の少女が、新聞社の編集部にお手紙を出したんですね。「私の友だちは、サンタクロースはいないって言うけれど、本当のことを教えてください」と。これに、論説委員のひとりが社説で答えました。「その友だちは間違っているよ。きっと、見たことしか信じられないんだろうね。実は、サンタはいるよ。愛とか思いやりとかいたわりとかがあるように、サンタもいるんだ。そういうものがあふれてるから、人は癒されるんであって、サンタがいなかったらさみしい世界になっちゃうよ」と。これが評判になり、読者の要望もあって、その後その新聞社では、毎年クリスマス前にこの社説を掲載するようになったとか。

で、面白かったっていうのは、そのコラムでそれに続けて、「ところが最近、こんなニュースが飛び込んできた」と紹介しててですね、イタリアのカトリックの司教さんが小学生相手に、こう話したと。「サンタクロースなんて、いないんだよ。あの赤い服は、コカ・コーラの広告のために選ばれたんだ（笑）」。もっともこれ、後半は事実で、あの一般的なサンタクロースのでっぷりして赤い服着てるイメージは、元々はコカ・コーラのコマーシャルで有名になったんですね。まあ、司教さんとしては、消費イベントになっているクリスマスの商業主義への懸念を伝えたかったようですけど、それにしても司教がサンタを否定することには批判が相次いで（笑）、「子どもたちを失望させて申し訳なかった」って、広報を通じて遺憾の意を表明したと。

でね、その毎日のコラムでは、「感染症や内戦、放火や殺人といった暗いニュースが続く今こそ、人々はサンタに象徴される思いやりやいたわりの心を求めている」として、特にクリスマスの時期には炊き出しをするグループに普段以上の米やみそが届くし、クリスマス会を計画する子ども食堂も多いことなんかを挙げて、「サンタは健在だ。今日はクリスマスイブ。サンタはきっとやってくる」って、記事を結んでいました。

おっしゃる通りで、上野教会でも、路上生活をしている人のための「うぐいす食堂」で先週もお弁当を配布しましたけど、クリスマスですから、クリスマスプレゼントを合わせてお配りしました。五〇人分ではありますけど、みなさんからの様々な寄付を詰め合わせにしてお渡ししました。寄付を呼びかけたらいっぱい集まってね、ありがとうございます、ご協力くださったみなさん。集まったお菓子や果物、あと下着とか靴下もいっぱい詰めて贈りましたけど、路上の方々、嬉しそうに受け取ってくれましたよ。

みなさんからの善意が、困っている人に届く。それは単なる物の話じゃなくて、クリスマスの心ですよね。私たちは、目には見えないけれども、確かに愛とか思いやりとかいたわりっていうものがあるって信じています。まさに、「サンタがいなかったらさみしい世界になっちゃ」いますからねぇ。うぐいす食堂からの、あの小さなクリスマスプレゼントがなかったら、あの方たち、もうちょっとさみしいクリスマスになったことでしょう。見えない世界を信じる私たちは、小さなサンタになって、ほんのちょっとの小さな贈り物をして、小さな天国を造り出します。見えない世界には、確かに永遠の天国があるっていう事を信じてるからです。見えない世界をこそ信じてね、見える世界にも小さな天国を実現させていきましょう。

今朝のそんな記事を読んでたら、午後になって、その毎日新聞から取材が入りました。毎日の記者さんがわざわざやって来て、「来年一月にコロナ禍の生活困窮者支援のコンサートをなさるそうですけど、それについて伺いたい」って。記事にしたいということで、

「どういう動機でこのコンサートを企画したんですか」と聞かれたので、お答えしました。

「コロナ禍で身近にも苦しんでいる人が多くいますから、何か小さな天国を造ろうと思って企画しました。と言っても、このコンサートは支援金を集めるだけじゃなくて、当事者である生活困窮者のみなさんにも聞いていただいて、心の面でも励まして支えたい、というコンサートなんです。なので、路上生活者はもちろん、生活保護を受けている方たち、難民の方たち、技能実習生の方たち、心の病を抱えている方たち、障害を持っている方たちなどを招待していますし、もう一二〇人以上にチケットをお渡ししています。大村博美さんという世界的なソプラノ歌手の祈りの歌に感動していただいて、一つの家族のように心を合わせることで、小さな天国を実現させたいんです。キリスト教ではそれを神の国って呼ぶんですけど、実は神の国って、イエスさまの誕生以来、目には見えない形ですでに到来してるんですよ。愛し合う私たちの内に。ただ、今の世界は利己主義とか暴力とかでバラバラになっちゃって、神の国が分かんなくなっちゃってるから、現実のチャリティーコンサートを開いて、みんなで神の国を味わいたかったんですね。目には見えない天上の喜びの世界を、目に見えるこの世界で、ちょっとでも実現させたいと思いました」、などなど。

その記者さん、感動してましたけど、かなり驚いてもいて、「こういうのって、どこの教会でもやってるんですか？」って聞くんで、「いやー、なかなか、ちょっと普通の教会はあんまりやってないと思います。格式高い紀尾井ホールに路上生活者を招待するなんてのは、前代未聞なんじゃないですか」とお答えしたら、「晴佐久先生はカトリック内で異端扱いされませんか？（笑）」って言うので、「どうなんでしょう、イエスさまも異端扱いされてましたからねえ。わたしとしては、いつでも『正しい教え』よりも『正しい実践』を優先してるつもりです」とお答えして、あんまり感動してるんで、「これ以上私の話聞いてると、洗脳されちゃうから気をつけた方がいいですよ（笑）」と、申し上げておきました。コンサートには、当日、学芸部と社会部の記者も連れて来るっていうんで本人も併せて三枚チケット差し上げました。今日のその取材記事は、毎日新聞のウエブ版で紹介するそうですので、読んでいただければと思います。どうぞこのチャリティーコンサート、ご協力ください。生活困窮者の方や障がい者手帳持ってる方など、まだ招待枠が残っておりますから、お申し出くださいね。

ちょうど昨日、このコンサートの「合わせ」ってのを、都内のスタジオでやったんですよ、ソプラノとテナーとピアノの合わせ。三人とも日本のトップのソプラノ、トップのテナー、トップのピアノなんで、合わせとはいえ、すごかったです。私はもう、大感動しちゃってですね、これ、たぶん今の日本で最高のコンサートになるんじゃないかなっていう予感で胸がわくわくいたしました。ソプラノもテナーもカトリック信者ですし、ピアノは真言宗の僧侶の得度してる方なんですけど（笑）、祈りの心が満ちていて。制作側としては、「何でもいいから自由に、楽しく、本当に祈りの心が一つになっているコンサートにしてください」みたいに、申し上げました。

つらい思いをしている人を助けたいという熱い思いで一致して歌う、そんな現実には、聖霊が働きます。小さな天国、実現すると思いますよ。この世界には、それこそ思いやりとか愛とかいたわりとか、本当にあるんだよっていう事を証ししたいんですよ。そんなものは信じられない、この暗い世の中でね、愛だのいたわりだの、目に見えないものはあてにならないっていう人がいるとしたら、いいや確かにありますよ、世界はそんな目に見えない贈りものでできてるんですよって、証ししたいんです。サンタは、います。だって、ここにもみなさんがいるじゃないですか。愛と思いやりといたわりを持っている、みなさんがサンタなんです。ほらね、サンタはいるんです。

今日、すごく嬉しい事があったので、ご報告しましょう。さきほど洗礼面談をして、おひとりの方に洗礼許可をお出しいたしました。今もそこに座っておられますけど、心から「おめでとうございます」と申し上げたいです。来年の復活祭に、上野教会で洗礼をお受けになります。あなたもね、今までつらい思いをして随分苦しみましたけど、神さまの慈しみによって、救われました。

二年ほど前かな、悪霊というか、何か悪い力にとりつかれたと思い込んで絶望しかけていたときに、私に電話してきたんですよね？　私はそのとき、「大丈夫です、必ず救われます、たとえ時間がかかっても、必ず救われます、その意味ではもう救われてます」と、はっきり申し上げました。それこそ今日の日を見通していたかのように。私は見えない世界の働きについては、確信があるからです。悪の力って、実は見える世界の話なんですね。本当は、見えない悪霊が働いてるんじゃなくて、人が見える悪をつくり出してるにすぎないんです。見えない世界は、善に満ち満ちてるんだから。それを信じられずに、見える世界を悪い世界にしちゃってるに過ぎない。これはもう、ただ素直に信じていただくしかなくて。

あなたは、そのあと、お寺でお祓いしてもらったり色々なさったようですけど、やっぱり教会に救いを求めて、今度は本郷教会に電話したら、岡田大司教さんが出たんですね。引退した岡田大司教さんが、本郷教会にいらした。で、つらい思いを話したら「すぐにいらっしゃい」って言ってくださって、その日の内に茨城から本郷教会にとんで行ったら、岡田大司教さんが優しく迎えて話を丁寧に聞いてくれました。司教さんもご病気だったんですけど、以降一〇回近く丁寧に面談というか、入門講座をしてくださった。

その岡田大司教さんに悪霊のことを相談したら、あなたに「主の祈りを五〇〇回唱えなさい」っておっしゃったんでしたよね。面白いですねえ、主の祈りを五〇〇回。そんな指導、聞いたことない。だけど、大司教から「主の祈りを五〇〇回唱えなさい」って言われたら、ねえ、やるしかないでしょう。最高のご指導です。実際、唱え続けたら段々その悪い力から解放されて、唱え終わるころにはすっかり救われちゃいました。残念ながら、岡田大司教さん、その後お亡くなりになったので、今年の春からは上野教会に通うようになり、この度晴れて受洗が決まりましたと、そういういきさつです。

そんなあなたに、申し上げたい。忘れちゃだめですよ。二〇二一年一二月二四日、クリスマスイブの日に洗礼許可をもらったこと、その日のイブのミサで受洗のいきさつがこうして説教で語られて、あなたが洗礼を志願した理由も紹介されたことを、忘れないでください。あなたが志願した理由は、こういう理由です。「私は、祈りで救われました。だから、これからは、自分のためだけでなく、人々のために、世界のために祈りたい」と。素晴らしい動機です。祈りの世界は目には見えませんが、確かに存在します。この世界を根底で支えています。

見えない世界の素晴らしさを知っていますか。変な言い方ですけど、私、見える世界には、ちょっと飽きました。人間たちのやることって、大体おんなじ。っていうか、酷い勘違いばっかり。乱暴な出来事ばっかり。それは、見えない世界を知らないからです。見えない世界を信じていないから、こんな事になっちゃってる。もうそろそろ、見えない世界の美しさ、その力をね、みんな知るべきです。見えない世界の豊かさと言ったら、これはもう、飽くことがありません。

この夜、天使がみなさんに語りかけましたよ。「恐れるな。わたしは、民全体に与えられる大きな喜びを告げる」（ルカ2・10）。天使の姿、見えませんか？ ここにおいでですよ。天使の声、聞こえませんか？ 語ってますよ。大きな喜び、感じませんか？ 恐れてはいけません。すべては、あなた方のためです。この一年の、つらかった出来事は、もうおしまい。来年は愛と思いやりといたわりに満ちた、小さな天の国を、身近な世界に造り出す年にいたしましょう。飼い葉おけの中に寝ている乳飲み子は、愛と思いやりといたわりを必要としています。そして、私たちは、それを持っています。

クリスマス、おめでとうございます。

（二〇二一年一二月二五日）

星はもう輝いています

ヨハネによる福音1章1～5節、9～14節

初めに言があった。言は神と共にあった。言は神であった。この言は、初めに神と共にあった。万物は言によって成った。成ったもので、言によらずに成ったものは何一つなかった。言の内に命があった。命は人間を照らす光であった。光は暗闇の中で輝いている。暗闇は光を理解しなかった。

その光は、まことの光で、世に来てすべての人を照らすのである。言は世にあった。世は言によって成ったが、世は言を認めなかった。言は、自分の民のところへ来たが、民は受け入れなかった。しかし、言は、自分を受け入れた人、その名を信じる人々には神の子となる資格を与えた。この人々は、血によってではなく、肉の欲によってではなく、人の欲によってでもなく、神によって生まれたのである。

言は肉となって、わたしたちの間に宿られた。わたしたちはその栄光を見た。それは父の独り子としての栄光であって、恵みと真理とに満ちていた。


みなさん、クリスマスおめでとうございます！

お互いに、よくぞ二〇二〇年を生き延びたと。この困難な時代に、こうして共にクリスマスを祝うことができました。ここに集まった方も、家で祈っている方も、みこころによって今日を迎えました。これは、事実です。私たちがこうして、神から愛され、守られて今日を迎えているのは、私たちが永遠のいのちの世界に生まれ出ていくそのときまで、まだまだこの世界で与えられた使命を果たすように望まれている、ということです。

ヨハネの福音書。格調高い、美しい福音書を、今、朗読いたしました。「イエス・キリストは光である」という、この美しい福音。「その光は、まことの光で、世に来てすべての人を照らすのだ」（ヨハネ1・9参照）という、この福音。闇の中に光はもう確かに輝きました。これは、事実です。「そうあったらいいな」という願望とか、「きっとそうだ」という確信とかいうような、いい加減なものじゃない。もう、事実そのもの、真理そのものです。どんな闇の中であっても、私たち「すべての人」にもうすでに与えられている、この光を信じる。これこそ、キリスト者の使命です。そこだけは、決して揺らいではいけません。

もちろん、コロナ時代を生きていれば日々、恐れること悩むこと、不安なことがたくさんあります。昨日は、東京都の新規感染者数がまた最高値を更新したと。その上、新型ウイルスとか言ってたのに、新たにその変異種が現れたとか、さらにまた別の変異種も現れたとか、そんな話聞いてると、だんだん疲れてきてしまって、「いやもう、これ、だめなのかな」とか、「ほんとに救いの日は来るのかな」とか思いこんでしまうかもしれません。けれども、「こんなときこそそのキリスト教」でしょう。私たちは、光を仰ぎ見ます。その光は、もう来たんだから。ちゃんと見ましょう。

クリスマスの星、ご覧になりました？　この前の日曜日に「ぜひ見ましょうよ」ってお話ししたはずですけど。見なかった？　どうせ神父の言うことなんか、みんな聞きやしない（笑）。「見た」って人、いないの？　（会衆の何人か、手を挙げる）ああ、ごらんになった方もいますね。ね、きれいに光ってましたでしょう？　日曜日にもお話ししましたけど、木星と土星が大接近して、一つの星のように光る。イエスさまがお生まれになったときに現れたクリスマスの星はそれだったって説があるんですけど、それが二〇二〇年一二月二一日と二二日に、また現われた。「これは見逃せない。絶対、見てやろう」と思って、一番高い所に登れば確実だろうっていうんで、生まれてはじめて、スカイツリーに登ってきました。まあ、行ってビックリ。塔も高いけど、値段も高い（笑）。だけど、登ってよかったです。ホントによく見えました。クリスマスの星。美しく光ってましたよ。

特にね、スカイツリーから見た夜景がきれいですから。大東京の美しくキラキラ光る夜景の上に、燦然とクリスマスの星が輝いて。まるで、なんでしょう、苦しんでいる街を照らすかのように、導くかのように、光っておりました。まさしく「すべての人を照らす光」って感じ。望遠鏡もあったんで、さらに二百円出して（笑）見たんですけど、大きな木星と、リングで横長の土星が大接近して並んで光ってて。思わず手を合わせて、お祈りしました。十字切ってね。「みんなが幸せになりますように。病で苦しんでいる人が希望を新たにできますように。何よりも、この街を生きるすべての人のうちに、主イエスが生まれますように。特に、闇に閉ざされて苦しむ心に、希望の光が生まれますように」と。まごころこめて、お祈りしてまいりました。クリスマスの星のもとで、スカイツリーの上から街の平和を、すべての人の救いを祈るっていう、まあ、カトリック司祭の幸いな使命ですね。

この大接近の映像は、YouTubeでご覧になれます。「木星と土星大接近」って検索すれば色々出てきますよ。「二〇二〇年の会合」ですね。プロの映像ですから鮮明だし、ともかく、望遠鏡のあの狭い画面の中に、両方の星がきっちり映っているってのが感動的です。木星の衛星って、大きいのが四つありますでしょ。イオから、エウロパ、ガニメデ、カリストまで。この四つが木星のすぐ近くを回っているわけですけど、四つの端から端までの距離があるじゃないですか。その距離の内側に、環っかつけた土星が光ってんですよ。もう、そんな映像、ないですって。きれいを通り越して、宇宙の神秘というか、神さまが何か語りかけているように感じるのは当然だと思う。

二千年前にクリスマスの星が現れたとき、占星術の学者たちはそれを見て、東方から西に向かって旅に出た……今回も西の空ですけど、星に導かれて旅に出たわけですよね。「これは救い主の誕生のしるしだ、拝みに行こう」って、出発した。困難な旅だったと思いますよ、異国の地ですし。でもそれは間違いなく、希望に満ちた幸いな旅だったでしょうね。我々も今回、この星のもと、出発する時が来たんじゃないですか。

出発と言っても、「Go To トラベル」の話じゃない。魂の話、信仰の話です。いつまでもそこにとどまってちゃいけない、そこから出発しようって話です。心の闇というか、不安というか、「もう無理だ、どうしようもないよ」なんていう思いにとどまってちゃいけない。立ち上がって、出発するんです。喜びに向かってね。そう、喜びに向かう。まさに博士たちは「その星を見て、喜びに溢れた」ってある。昨日の主の降誕の夜半のミサの朗読でも、天使が羊飼いたちに現れてね、「今日、あなたがたに大きな喜びを告げる」って言いました。（ルカ1・10参照）「あなたがたのために救い主がお生まれになった、会いに行きなさい」ってね。（ルカ1・11〜12参照）それで、羊飼いたちも喜びに溢れて、出発しました。

まず、出発です。出かけないことには、喜びには辿り着けない。自粛して、じーっと閉じこもってちゃいけない。もちろん物理的にはステイホームですけど、ただ閉じこもって恐れているだけでは、決して真の喜びに辿り着けない。実際の旅の話じゃないですよ？「Go To トラベル」ならぬ、「Go To Joy」、魂の旅路です。クリスマスの星から呼びかけられて、今こそ、勇気をもって、本物の喜びへと向かいましょう。

実は、二千年前の占星術の学者たちのように、現代の占星術の人たちも、今回のクリスマスの星のことを色々言っていて、日曜にも少しお話ししましたけど、二〇二〇年の一二月二二日からは、世界の流れが大きく変わるんだそうです。この木星と土星の会合を「グレートコンジャンクション」って言うそうですけど、これは二〇年に一度起こっている。で、二百年に一度、「グレートミューテーション」っていうのもあって、それが二〇二〇年の一二月二二日だとか。それによると、今までは土の時代だったのが、今度は風の時代に移ると。土の時代はね、硬直していて、制度とかしくみとかに固められていて、物や富が中心。それが、風の時代にはより自由になって、物よりも心が中心になり、柔軟な人のつながりや多様性が大切になり、言葉とか、情報が大事になって、一人一人の個性が発揮できるような、そういう社会。時代は大きくそのように移っていく、と。どうなんでしょうね、信じるも信じないも、あなた次第っていうような話ではありますけど、でも、そうなったらいいなっていうのは、誰もが思うことでしょう。

だけど、それで言うなら、イエスの誕生って、二〇年に一度だの二百年に一度だのをはるかに超えた、「歴史に一度」の、大いなる転換だったんですよ。神の独り子が人間のうちにお生まれになって、「もうだいじょうぶだ、世界がどれほど困難であっても、もうだいじょうぶだ」という希望を、神がはっきりと示してくれた。闇から光へ、物から心へ、囚われから自由へ、原理主義の旧約から普遍主義の新約へという、大転換。「グレート福音」ですよ。「グレートエヴァンジェリオン」。この決定的な時を、星がピカッと光って教えてくれているんです。苦しむ我々に、「もうだいじょうぶだ、救いは闇の中に光っている」と、教えてくれているんです。どうぞみなさん、YouTubeの映像見て励まされてください。私は昨日のイブの夜も、ホルストの『惑星』の「木星」と「土星」を聴きながら、ワインを飲みつつその映像をウルウルと眺めておりました。いつだって、私たちのうちに必要なのは、希望です。そして、その希望のしるしです。その希望のしるしである、イエス・キリストです。それは、もう私たちのうちにお生まれになりました。これは、事実です。願望や確信を超えた、当然の事実の話。

おとといい、岡田司教さまのご葬儀に参列いたしました。司祭団だけでの葬儀ミサでしたけども、これも日曜にお話したとおり、私は岡田神父さんの教会で一緒に暮らしながら、いろいろ学んでお世話になり、育てられた身です。のちに司教になってからは一司祭としてお仕えしたし、まあいろいろ迷惑をかけたこともあるんだけど、とてもやさしく対応してくださって、私にとってはかけがえのない司教さまでした。

今年の一月ころに「うまく飲み込めない」とか言い始めて、「それは早く病院に行ったほうがいいよ」って言われて、行ってみたらもう食道がんが進んでいました。声帯取るのもつらいですから、手術ではなく抗がん剤と放射線治療をして、なんとかおさまりかけていたのに、先日急に亡くなりました。死因は出血性ショックってありましたけど、どういう状況だったのか。想像するのも痛ましいですけど、本人はどういう思いでそのときを迎えたのか。とてもおつらかっただろうなぁとも思います。このコロナ禍ですし、PCR検査しないで亡くなると、大きな袋に入れられて、みんなちゃんとしたお別れもできないまま火葬されて、一昨日のご葬儀はもう、お骨を囲んでのミサでありました。

一目会いたかった、もう一度お話ししたかった、いろいろ申し上げたかったこともある。私にはちょっと切ない葬儀でしたが、それでも、菊地司教さんの暖かいお説教に救われました。お説教の中で、岡田司教さんのブログを紹介してくれたんです。亡くなる直前にもちゃんとアップしていたんですね。そこに、「喜び」について書いてあった、と。喜びって言っても、病気が治るとかいうような人間側の喜びじゃなくて、神から与えられる、聖なる喜び。それは、どれほど厳しい現実にあっても、喜べる喜びだ、と。

帰ってからそのブログを読みました。確かに岡田司教さん、厳しい現実を今年ずっとコロナの中で生きてこられたけども、その中にあっても喜びについて書いてるんですね。厳しい現実の中でも喜べる喜びがある、それは神の無限の愛の泉から汲みとる喜びだ、と。これ、実は教皇フランシスコの言葉でもあるんですね、最初の使徒的勧告『福音の喜び』の中の一節です。「神の無限の愛から汲みとる喜び」。確かに、そんな喜びさえあったら、無敵じゃないですか。我々だって、いつどんな病気になるかわからない。来年二〇二一年もね、突然災いが過ぎ去って幸せいっぱいな年になるとは、なかなか思えない。けれども、社会的にも個人的にも、どれほど厳しい現実の中でも、神の愛のうちにあって私たちは喜べるし、主と共に復活の希望を新たにできるはずです。岡田司教さんは、こうも言ってました。

「私たちは、確かに弱い。弱いけれども、その弱い人間性が、復活という不滅の命、不死の命に挙げられるのです」。

この信仰です。キリストにおける、希望の信仰です。岡田司教さんは、遺言のようにこう書き残して、ほどなく天に召されました。どのような最期であったか、どのように信じて祈り続けたのか、それは神さまだけがご存じですけども、「どれほど厳しい現実の中にあっても喜べる」っていう、その信仰を携えて、天を仰いで召されていったんじゃないですか。「弱い人間性が、不滅の命に挙げられる」という復活の信仰のうちに、天に誕生していったんじゃないですか。それこそは、一人のキリスト者が輝かせてくれた星の光でしょう。その星はしるしとなって、私たちに語りかけていきます。「困難の中にあっても、この不滅の希望を持ち続けなさい。主イエスは私たちの内に確かに生まれた、その光を見なさい」、と。

岡田司教さんにどうしても感謝したいことが、一つある。一〇年くらい前だったか、ある研修会で福音宣教について語り合っていたときに、そこに岡田司教さんもいたんですね。その集いでは、今の時代の福音宣教がいかに困難かって話をしていたんだけど、「高齢化が進んで教会運営が大変だ」とか、「洗礼を受ける信者が少ない」とか、「今の日本では福音宣教はなかなか難しい」とかそんな話ばかりで、なんだか暗ーい雰囲気だった。そのとき、岡田司教さんがボソッと言ったんですね。「キリスト者が暗かったら、福音は伝わらないでしょう。福音は喜びなんだから、やっぱり確信をもって、はっきりと福音宣教しなくちゃならないでしょうね」と。そして、ぼくをじっと見つめながら、こう付け加えたんです。「みんな晴佐久神父さんのように、『こうです』って、はっきりと福音を宣言できたらいいんですけどね」。ぼくは、びっくりした。そんなふうに思ってくれていたってことに驚いたし、そういうことを本人を前にはっきり言うってことにも驚いた。そういうタイプだと思ってなかったから。でも、そのときの司教さんのまなざしは、忘れられない。ちょっと自信を無くしかけていたときでもあったので、すごく励まされた。「晴佐久神父さん、これからも恐れずに堂々と、福音を宣言し続けてくださいね」って言われたと思った。

私も恐れの人間だし、いつも迷ってばっかりだけれども、キリスト者である以上、使命がある。与えられた使命は、果たさなきゃならない。その使命とは、キリストの光を信じること、信じて明確に宣言するってことでしょう。そうしなかったら、キリスト教じゃないですよ。「あなたも救われるといいですねえ、でも果たしてどうですかねえ」なんて言ってるんじゃ、キリスト教じゃないですよ。キリスト教は「神の国はもう来ている」っていう福音にあるし、そこだけはやっぱりゆずれない。それまでも、清水の舞台から飛び降りるような気持ちで、誰に対してでも「あなたはもう、救われてます！」って、勇気を振り絞って宣言してきました。だけど、岡田司教さんにそう言っていただいてからはふっきれて、「司教さんのお墨付きだ！」みたいな気分で、いっそうはっきりと宣言するようになりましたし、それはもうみなさんがご存じのとおりです。

今日もはっきりと、申し上げます。

主イエスは、もうみなさんのうちにお生まれになりました。救いはもう来てるんです。それを信じることで、わたしたちは真の安らぎと喜びを得ます。すべての人を照らす星はもう輝いていています。私たちは確かに弱いけれども、不滅の命、不死の命へと復活していく神の子です。みなさんは、もう救われています。これは、事実です。二〇二〇年のクリスマス。ほんとに困難な年でした。いろいろな犠牲も払いました。しかし、ご安心くださ い、私たちのうちに救い主が生まれました。

クリスマス、おめでとうございます。

（二〇二〇年一二月二五日）

弱さゆえに寄り添い合って

ルカによる福音書二章四一～五二節

占星術の学者たちが帰って行くと、主の天使が夢でヨセフに現れて言った。「起きて、子供とその母親を連れて、エジプトに逃げ、わたしが告げるまで、そこにとどまっていなさい。ヘロデが、この子を探し出して殺そうとしている。」ヨセフは起きて、夜のうちに幼子とその母を連れてエジプトへ去り、ヘロデが死ぬまでそこにいた。それは、「わたしは、エジプトからわたしの子を呼び出した」と、主が預言者を通して言われていたことが実現するためであった。さて、ヘロデは占星術の学者たちにだまされたと知って、大いに怒った。そして、人を送り、学者たちに確かめておいた時期に基づいて、ベツレヘムとその周辺一帯にいた二歳以下の男の子を、一人残らず殺させた。こうして、預言者エレミヤを通して言われていたことが実現した。

さてさて、そんなこんなで、「聖家族の祝日」を迎えて、今年も今日で最後の日曜日。みなさんにとってどんな一年だったでしょうか。と言っても、たぶんみんな同じですよね。コロナで始まり、コロナに終わった一年でした。思えば去年のお正月は、マスクもしないでワイワイ集まって、ごはん食べてたんですよねえ。約二年前ですか、なんか遠い昔のことのような気がいたしますけれども。

私にとっては、まさにこの一年は、「福音家族の一緒ごはん」ができなかった年っていう、もうそれに尽きます。以前は、月に二五回、一緒ごはんやってましたから、ほぼ毎日ですよ。福音家族って、ともかく一緒にごはん食べるのを第一にする集まりなので、それがないと、会う機会が激減しちゃう。まあ、それも神のみ旨だと信じて、再会のときを待ちわびています。

とか言いながら、昨日はフライングでやっちゃいました。二〇代の福音家族が五人集まって、小さなクリスマス会をしてくれたんです。久しぶりってのもあってうれしかったなあ。大体、神父のクリスマスって、寂しいんですよ、結構。みなさんは夜半のクリスマスミサが終わったら、それぞれ自分んちに帰ってお祝いとかするんでしょうけど、神父は一人暮らしですから、みんながパアーッと帰ると、寂しいもんですよ。とりわけ浅草教会のみなさんって、帰るの早いですよね（笑）。引きが早いというか、サーッといなくなる。鍵かけるともう、ひとりぼっちになるわけです。福音家族の一緒ごはんが盛んになってからは、そんなこともなくなりましたし、昨日も一人暮らしの仲間たちが集まってくれて、ごはん食べちゃいました。ほんと、楽しかった。もちろん、飛沫がかからないように大きなアクリル板を天井から何枚も吊るしてますし、窓を開けっぱなしして換気して、サーキュレーターも回して、二酸化炭素測定器まで置いて。昨日も、キッチンのガスコンロ使ったら測定器が鳴りましたよ。1000ppm 越えると、「ピー、ピー」って鳴るんです。まあともかく、なんとしても一緒ごはんをしたいという、意地というか、負けず嫌いというか、クリスマスなんだから家族は一緒にいるべきという信念というか。

家族と言えば、最近教会に来始めた二〇代がいるんですね。で、その彼も昨日いたんですけど、みんなでご飯食べてるところへ、後から遅れてきたのが一人、「ただいまー」とか言いながら入ってきて、すぐに冷蔵庫を開けたんです。何か飲み物を取り出そうとして、でも振り向けばビールがもうテーブルに並んでるのを見て、そのまま冷蔵庫を閉じた。それを見て、その二〇代が驚いてつぶやいたんですよ。「いやあ……、家族だねえ」って。確かに、いくら親しいとはいえ、一応ひとんちなわけですから、「ただいまー」って入ってきて、いきなり冷蔵庫を勝手に開ける姿は驚愕だったみたいです。「この人たち、そこまで親しいんだ、いいなあ、これもう家族じゃん」、って思ったでしょうし、「自分もそういう家族になりたいな」、とも思ったんじゃないですか。

それでそのとき、ふと思い出したことをみんなに話したんですよ。以前、ある年配の女性が私に相談に来られたんですね。その人の同居しているお嫁さんがうつになったんだけども、病院で「原因は姑だ」って指摘されて、ショック受けた、と。息子の嫁が、自分のせいでうつになっちゃった。でも、自分ではいい姑だと思ってるし、親切にしてきたつもりだし、嫁が苦しむ理由が分からない、と。だけどね、いろいろ聞いてると、「でもね、神父さま、嫁も冷たいんです。一階と二階を分けて二世帯住居にして、私もカギ持ってるんですけど、二階に入ってくるのをいやがるんです」とか言うんです。だから、「そりゃ勝手に入っちゃダメでしょう」って言うと、「でも、もともと私の家だったんだし、家族なんだからちょっとくらいいいじゃないですか。なのに嫁は、カギ開けて入って冷蔵庫を開けると怒るのよ」って（笑）。どう思いますか、みなさん。

これ、どっちが悪いとかの話じゃなく、家族観の違いの話なんですね。「家族なんだから」ってお姑さんは思ってるわけでしょ。だけど、お嫁さんにしてみたら、そこまでの家族だと思ってない。家族って、時間をかけて家族になっていくもんであって、いきなり家族なんだからと強制もできないし、あんたは家族じゃないと切り捨てることもできないし。「家族ってなんだと思う？」ってね、そこにいたみんなにも聞いたんです。

家族の定義ってなんでしょう。みなさんはどう思います？　今日、「聖家族」のお祝い日ですし、ぼくは、「福音家族」って、つまりは聖家族を目指していると思っているわけですけど、それは、聖家族にこそ家族の本質が秘められてると思うからです。それさえあれば、確かに「家族」だと言える本質。それは、なんでしょう。みなさんだったら、どう定義しますか、「家族」を。

血縁なら家族だってわけでもないですよね。お嫁さんなら、夫とも姑とも血はつながってないですし。法律の定義も現実にそぐわないと思いますよ。法律的に言えば、福音家族なんて、全然家族じゃない。じゃあ、一緒に暮らしていれば家族かというと、そうでもない。早く出てってくれみたいなこともあるし。そう考えると、冷蔵庫を勝手に開けていい仲って、まあ、だいぶ家族っぽいですよね。

一つ言えるのは、最近で言えば、「家族葬」っていうのが流行ってますけど、「家族葬に並ぶ人」って言う定義はありかもしれないですね。すごく親しい、家族同然って人もそこにいたりしますし。法律上とか、血縁とかでなく、愛する人を失った悲しみを共有する関係、それは相当家族ですよね。「悲しみや苦しみを共有する間柄」っていうのは、家族の定義として外せない気がします。それこそコロナで言うなら、マスクしないで会う相手ってことです。みなさん、そうでしょう？ 夫婦で、家の中でマスクして会話してないですよね。「もう、いいわ。あんたとならウイルス共有するわ」っていう、そういうことでしょう？ 「たとえうつしてもうつされても、その苦しみは共有しあおうね」っていう、それくらい一心同体である間柄、これは、家族ならではですね。そんな意味でもコロナ時代って、家族ってなんだろうっていうようなことを、すごく思わされますね。目の前のこの人は、家族であるか、ないかを問われた日々だったような気がする。

もうひとつ、家族の定義として、持続可能ってことも言うべきじゃないかと思うんです。

昨日のクリスマス、ベトナムの子たちがほんとに家族みたいに集まってきて、楽しそうにはしゃいでてよかったですね。彼らは私のことを「チャー」って呼んでくれるんですよ。ベトナム語で「お父さん」って意味ですね。昨日はサプライズもあって、ミサの最後に「チャー、この一年ありがとうございました」と、「ベトナム人グループを受け入れてくれて感謝します」ってね、立派な箱に入ったプレゼントをくれました。縦長のね、ちょうど重いビンが二本入るくらいの重さと大きさの箱でした（笑）。中身は秘密ですけど（笑）、うれしかったですねぇ。思わず、「ベトナム、大好き！」なんて叫んじゃいましたけど、家族っぽいんですよね、ベトナムの子たち。教会の仲間たちがまるで家族みたいにつながってるし。ちょっと古き良き日本のコミュニティ感があって。だからね、君たちは日本みたいにならないでね（笑）。あったかい家族的な集いを、ずっと保ち続けてほしい。

ミサのあとは庭で音楽流して、みんなでダンスして、プレゼント交換までして、その笑い声とか、キャーキャー叫んでいる声っていうのが、なんだか「教会、甦る」って感じで。あんなふうに、若い子たちの歓声が上がる教会って、最近もう少ないんじゃないですかね。どこの教会も、人口ピラミッドのグラフの形で言うなら逆さピラミッド？　いや、それどころじゃない、上のほうだけ膨らんでて下のほうが細ーい、ワイングラス型？（笑）みたいな感じ。それじゃあ、いくら家族って言っても、家族にならないですよ。

家族って、今だけ同年代で楽しく過ごして、やがて歳とって消えていっていいもんじゃない。やっぱりこう、姑、嫁、子どもたち、孫たちって、次へ次へ、受け継がれていく流れの中でこその家族、じゃないですかねえ。そのために年配の人たちが百歩譲って、次の世代のために犠牲を払わないようなら、それ、家族じゃない。そこに、家族の秘密というか、大切なポイントがあるだろうと思う。一緒ごはんとかやってても、相当忍耐と犠牲が必要ですけど、次の世代のために家族を造っていくのって、キリスト教の本道でしょう。そんな流れの中でこそ、ぼくらは家族だって言えるんじゃないですか。

昨日も、ベトナムの子たちが庭で大騒ぎしてるのを、隣のマンションの人がじーっと覗いて見てるんですよ。あ、これ苦情来るかもって思いましたけど、そのままやらせときました。だって、年に一度のクリスマス、若い子たちがはしゃぐのを大目に見るのも大事ですから。苦情が来たら責任者として謝るつもりでしたけど、結局来ませんでした。若い子たちが「キャー」も「ワー」も言わなくなったら、未来はありませんよ。自分たちも若い頃はずいぶんはめ外して周りに迷惑かけてきたわけで、上の世代はやっぱり、犠牲を払う、忍耐する、譲る、受け入れる、それがあっての家族ってことでしょう。次の世代が元気に育っていく、持続可能なコミュニティーであることは、家族の定義として外せないと思う。

さらに言うとですね、ぼくは、恐らく一番重要な家族の定義は、「弱さ」に関わることだと思うんですよ。

先週、ある牧師ご夫妻が訪ねてきたんですね。私のことを慕ってくれていて、ときどき訪ねてくるんです。以前、長野県のプロテスタント教会で講演会をしたときに、その牧師夫妻が、「長野に来るなら、前晩はうちの教会に泊まってください」って招かれたのが出会いのきっかけです。同じ長野ってことで、もっと近くかと思ったら相当遠くでしたけど、一泊して、講演会当日は車で送ってくれました。

それがですね、このご夫妻がずーっともめてるんですよ。言い争いばかりする。講演会場に送ってもらった朝も、ご夫人が先に出て、わざわざ私へのお土産を買いに行ったんですね。あとからご主人と私がその店に車で行って、合流してから講演会場に向かうって話だったんですけど、お店に行ってみたら、いなかったんです。携帯もつながらない。そんなときは、そこで待ってるのが鉄則ですよね。なのにご主人は、「教会に帰ったのかな」とかって、戻っちゃったんです。でも、いない。「おかしいなあ」とか言いながら、講演会の時間もありますし、あせって車で街中を回り始めた。だけどそんなの、絶対会えるわけないですよね（笑）。ぼくは心の中で、「それ、無理でしょう」とか思ってましたけど、余計なことも言えず、結局だいぶたってまたお店に行ったら、会えました。

そのとき、ご夫人がカンカンに怒ってるわけですよ。「なんでお店で待っててくれないの」って。で、ご主人は「だっていなかったじゃないか」って怒ってる。そんな言い争いが車の中でずーっと続いて、これがまた、講演会場までの道のりが長いんですよ（笑）。私、ずーっとそれ聞かされて、しまいに二人、黙りこくって冷戦状態。どんな話題持ち出せばいいのかって、困り果てました。先週、ご夫妻が来たとき、そのときの話になって、「神父さん、あのとき、一生懸命とりなそうとしてましたよねぇ」とかって笑ってるの、二人で。こっちはたまったもんじゃなかったのに。

それがですね、このご夫妻はその後、海外宣教に行くって決めて、二人でチャレンジしたんですけど、案の定というか、海外でのストレスもあったんでしょう、二人の関係は行き詰まって、破綻しかけました。で、離婚してもう家族を終わりにするか。それとも、ワンチャン立て直すかって段になって、当事者能力を失った二人、現地でカウンセリングを受けたんです。そこで、ご主人にどうも、発達障害的な傾向があるってことが分かった。

まあ、みんなそれぞれの個性ですから、障害っていう言い方もどうかとは思うけど、誰もに得意な分野、不得意な分野、強い部分、弱い部分があるわけですね。お互いの、その色々の個性が組み合わさるから面白いんであって、大事なことは、お互いのその弱さを受け入れ合うってこと。そういうことに気づくのが大事って意味ではカウンセリングも大事です。

ご主人は、自分の弱さを理解し、受け入れることができるようになりました。ご夫人も、相手の弱さを理解し、受け入れることができるようになりました。そうして、まるで「ここから新たな結婚生活が始まる」かのような思いで、日本に戻ってきたんですって。それで、そのことを報告に、私に先週会いに来てくれたってわけです。私、「よかったですねえ」って言いました。「神さまがそこまで見越して出会わせてくれてるんだから、『もうだめだ』って諦めなくてよかったじゃないですか。ここからは、同じように弱さを抱えている人、あるいはまだその弱さに気づかない、受け入れらないで苦しんでいる人とか、そういう人たちのことがよーくわかる牧師として、神さまに用いられることでしょう」って、励ましました。

ということで、どうもそのへんが、家族の定義の終着点じゃないですかね。「お互いの弱さを受け入れ合って、一緒にい続ける人たち」。

相手の弱さを受け入れられないなら、もう家族崩壊でしょう。逆に自分の弱さを受け入れてもらえないなら、そこにはいられないし、いても意味ないし。私もあなたも、弱いままで、安心して一緒にいられる。たぶん神さまは、神の国っていう究極の家族をつくるために、弱さっていうものを与えてくれたんじゃないですか。だってさあ、強い人たちが集まって「俺たちは家族だ」とか胸張ってるとこなんて、なんか、やじゃないですか。居心地悪そうですよね。むしろ、弱ければ弱いほど家族になれる。

その意味では、赤ちゃんを授かるのって、家族が家族になる一つの大事な方法かもしれない。究極の弱い存在だし、それを受け入れることでお互いに結ばれる。赤ちゃんでなくても、障害を持っていたり傷ついたりしているメンバー、ほんとに弱い誰かをみんなで受けとめるとき、家族が生まれる。介護なんていうのも、そういう意味では、神さまが授けてくれたチャンスなんでしょうね。血縁を超え、法律を超え、家族が家族になって神の国が成長していくようにって、神さまが「弱い人」を私たちに贈ってくれているんです。

聖家族。これ、弱い三人なんですよ、実を言うと。ヨセフなんてね、マリアに子どもができたってことでショック受けて、いったんは離縁しようと決心したわけでしょ。それでも「一緒にいよう」って決心したのは、夢でお告げを受けたからですけど、やっぱり愛するマリアなしで一人じゃ生きていけなかったからじゃないか。マリアだって、離縁されたらシングルマザーですからねえ、あの時代に到底生きていけないはず。イエスに至っては、ただの丸裸の赤ん坊。旅先の飼い葉おけの中で泣いてるだけ。

ヨセフは、一人で生きていけない。マリアも、一人で生きていけない。イエスも絶対に、一人では生きていけない。実際このあとすぐ、ヘロデ王に殺されかけて、難民になってくわけでしょう？　弱い弱い三人がね、その弱さゆえに寄り添い合って、一緒にい続けることで、家族になっていく。それが「聖家族」です。わたしたちの教会もまた、弱い誰かを受け入れることで、聖なる家族になっていくんでしょう。現代世界に最も必要なのは、聖家族です。

二〇二一年も、おしまいです。来年はわたしたち、どんな家族として成長していくんでしょう。もしも、弱い弱い誰かが現れたら、それは、わたしたちが聖家族になるために神さまが贈ってくれた、尊い贈りものなんじゃないでしょうか。

（二〇二一年一二月二六日）

うちにたべにおいで

マタイによる福音書二章一～一二節

イエスは、ヘロデ王の時代にユダヤのベツレヘムでお生まれになった。そのとき、占星術の学者たちが東の方からエルサレムに来て、言った。「ユダヤ人の王としてお生まれになった方は、どこにおられますか。わたしたちは東方でその方の星を見たので、拝みに来たのです。」これを聞いて、ヘロデ王は不安を抱いた。エルサレムの人々も皆、同様であった。王は民の祭司長たちや律法学者たちを皆集めて、メシアはどこに生まれることになっているのかと問いただした。彼らは言った。「ユダヤのベツレヘムです。預言者がこう書いています。

『ユダの地、ベツレヘムよ、
お前はユダの指導者たちの中で
決していちばん小さいものではない。
お前から指導者が現れ、
わたしの民イスラエルの牧者となるからである。』」

そこで、ヘロデは占星術の学者たちをひそかに呼び寄せ、星の現れた時期を確かめた。そして、「行って、その子のことを詳しく調べ、見つかったら知らせてくれ。わたしも行って拝もう」と言ってベツレヘムへ送り出した。彼らが王の言葉を聞いて出かけると、東方で見た星が先立って進み、ついに幼子のいる場所の上に止まった。学者たちはその星を見て喜びにあふれた。家に入ってみると、幼子は母マリアと共におられた。彼らはひれ伏して幼子を拝み、宝の箱を開けて、黄金、乳香、没薬を贈り物として献げた。ところが、「ヘロデのところへ帰るな」と夢でお告げがあったので、別の道を通って自分たちの国へ帰って行った。

お正月、終わりました。いかがでしたでしょうか。

私は、いろいろな集まりをやって、いろいろな出会いがあって、いいお正月でした。いろいろお話ししたいのですが、一番申し上げたいのは駅伝の話なんですよ。私、駅伝ファンだって知ってましたでしょうか。駅伝のガイドブックまで手に入れて、正月の二日、三日は、テレビの前にかじりついてます。やっぱり、ドラマがあるし、感動がある。

もっとも、このところは青山学院がすごく強くて、一人旅みたいな展開が多かったんですけど、今年は、ドラマでしたね。感動もありました。なにしろ、東海大の初優勝。初めての優勝って、どれだけ嬉しいことか。その思いが伝わってきて、心がワクワクしました。東洋もがんばったんですけどね。往路は優勝でしたが、復路はダメでした。復路は実は、青山が優勝してるんですね。つまり、往路は東洋が優勝、復路は青山が優勝。なのに、総合だと、東海が優勝なんですね。様々なドラマがありました。

そんな中、今回一番思わされたこと。それは、連覇の途切れた青山学院のことです。あんなに層の厚い選手を集めて、あれだけの経験を積んで、あんな名監督の下でみんな一致して、日本最高と言われるような練習を重ねて、それで、勝てなかった。そこに、何があるのか。そのことが、この正月一番胸にグッときたことです。それは、何か。

監督は有名ですよね。原監督。選手たちと共同生活しながら、一人一人のデータを組み合わせて、そして、最終的には厚い層の中から、一〇区それぞれに選んで、当日の朝も選び直したりするわけですけど、それが名采配だった。今までは。選手たちの方は本当に素晴らしかったんで、監督は言ってました。「私自身の、采配のミスです」と。では、何をミスしたのか。彼の言葉ですけれども、「連覇するうちに、チャレンジする心が低くなっていた」と。これなんですよ。あれほどの大学、あれほどの実績、あれほどの力を持っていても、やっぱり「慢心」ってやつですね。いい気になっちゃう。チャレンジする心を忘れていく。で、監督は、言っていました。「チャレンジする心を失う、すなわち、進化することを止めたら、退化が始まる」と。

どうなんでしょうか、みなさま。「進化することを止めたら、退化が始まる」。現状維持しているつもりでもですよ、さらに進化することを、チャレンジする心を忘れると、結果が出ない。これが、負けてもいいや、どうでもいいやという人生ならね、それもそれで一つの気楽な人生でいいのかもしれないですけど、やっぱり何か、もうひとつ先を見てみたいという、チャレンジ。四連覇の次は五連覇だ、と、五連覇の景色は違ったはずですけど、もうそれは見られない。もう一回五連覇っていったら、一から始めないといけないわけですから、なかなか大変なことです。

チャレンジする心を忘れると、周りのチームは全部チャレンジしているわけですから、当然追い抜かれる。だって、ほかの大学は、前と同じことしてたら絶対勝てないんですもん。ところが、青山は、前と同じことをすれば、また勝てるんじゃないかって気持ちになっちゃう。原監督がこうも言ってました。「保険をかけることばかり考えていて、新しいことに取り組まなくなっていた」と。もうこれでいいや、これを守ろうと思っていると、次の景色を見ようというようなワクワクするものが減ってしまって、守りに入っちゃう。

そんなわけで、私は、今年、いつにもましてチャレンジする気持ちになりましたよ。みなさんもチャレンジしましょうよ。仕事のこと、家庭のこと、人生のこと。私も司祭として、キリスト者として、教会の現場であれこれチャレンジしてきたつもりでしたけれども、最近、いつのまにか守りに入っているような気がする。体もだんだん言うことをききませんとか、大きな失敗をしたくないとか、人からの評判も気になりますし、自分の心の平安が第一、みたいに、進化への恐れが出てきてるんじゃないか。でも、そこのところがたるんでくると、気が付けば、退化し始める。

教会がね、本当に神のみこころにかなった神の国のしるしであってほしい。そのためにこそこの三〇年、いろんなチャレンジしてきたつもりでも、ふと気が付くと、こんなもんかなとか、これでいいやとか、傷つきたくないしとか、いろんなこと言われんの嫌だなとか、いろんな批判も聞こえてくるとか、そうすると、じゃあ、おとなしくしておくか、ってことになりかけるんですよ。だけど、そんなときこそ、チャレンジしなくっちゃね。二〇一九年。私は進化宣言したい。みなさんは、どうしますか？　進化を止めたら退化ですよ。「もっと上を目指そう」、「もう一歩行けるはずだ」。その気持ち、そこのところがなくなってしまったらね。

とりわけ、教会がチャレンジしなくなっちゃったら、もう教会じゃないでしょう。いろんな教会があっちこっちにありますけど、進化止めたら退化。チャレンジする気持ちを忘れて、それこそ消化試合みたいなことしてるんじゃやねえ。でも、そんな教会が増えているんじゃないですか？　去年と同じでいいやって、いつもやってることを惰性で繰り返したりして、一体我々は何をしてるんだろう。それ、教会ですかね。

今日、主の公現の主日ですけど、この、博士たちがですね、旅に出るわけですよ。東方ってどこでしょうかね。占星術の学者たちとありますが、占星術って、当時で言えば一級の学者たちです。天の運行を観察しながら、宇宙の働きと現実の世界との関わりについて、つぶさに研究をし、経験を積んで、一流の評価を得た立派な学者たちです。この学者たち、いつも一緒にいたわけではないでしょう。それぞれの国の学者ですから。東方の有名な学者たちが、連絡取り合って、連れ立って来たんじゃないですか。「あの星が出たぞ」と。それが超新星だったのか、惑星が固まって見えた出来事なのか、いろんな説がありますけれど、ともかく「ついに、あの星が出た。新しい王が生まれて、新しい時代が始まる。その王を拝みに行こう。贈りものを届けよう」と、長い旅に出る。これ、まさしく、チャレンジですね。「新しい景色を見たい、新しい時代の証人となりたい、私たちには、それを見抜く目と旅する力が与えられているんだから、出発しよう」と。

もちろん、簡単な話じゃないです。この時代、旅に出るのは命がけですから。現に、下手したらこれ、ヘロデ王に殺されていたかもしれないわけでしょう。ヘロデ王が「帰りがけに寄ってくれ」なんて言ってますけど、これ、帰りがけに寄ったら殺されてたわけですね。だって、救い主が生まれたなんて話を広められたら、民衆が何をするか分からない。権力者としては、そういうのは芽のうちに摘んでおかなければいけない。「私も行って拝もう」なんて言ってますが、行くわけないですよね。兵を送って、殺してしまえという話です。ともかく、この学者たち、殺されてもおかしくないという旅に出たんです。おとなしくね、ふるさとで星眺めてればいいものを、わざわざ危険を冒してでも旅立っていく。

そのおかげで、彼らは、救い主がついにこの世界に生まれてくるという、まったく新しい時代が到来した現場に立ち会うことになりました。チャレンジすることで、私たちは、神の国の到来を体験できるんです。そういう憧れだけは、持ち続けたい。そのことは、第二朗読にありましたね。「秘められた計画が啓示によってわたしに知らされました。この計画は、キリスト以前には人の子らに知らされていませんでした」（エフェソ3・3b、5）そうなんです。旧約時代は、まだ、この宇宙が何のためにあるのか、この世界がどこに向かっているのか、私たちが生まれてくるというのはどういうことか、何のために生きてるのか、そういうことの究極の本質が秘められていたんです。今や、それが、現れた。みんなが求めてきたのに、みんながわからなかった、その真理がついに現れた。キリストの誕生とはそういうことですから。新約の私たちは、本当に幸いですよ、それをもう知ってるんですから。

チャレンジしましょう。三人の博士は、まだ知らないのに、「ともかく、そこに行こう」と、それを目指して出発しました。そうして、『今やそれが霊によって、キリストの聖なる使徒たちや預言者たちに啓示されました』（エフェソ3・5参照）。そうして、全ての人が知るところとなったのです。異邦人、なに人、関係なし。いい人、悪い人、関係なし。全ての人が、福音によってキリスト・イエスにおいて約束されたものを受け継ぐ者、そういう者になる世界が始まったのです。みなさんのことですよ。その福音を私たちは、主イエス・キリストによって知りました。

全ての人が家族であるという、この神の恵みの世界。国家とか権力とか、金とか、そんなことを超越した、永遠の命の世界。今みなさんが、隣に座っている人、その人と出会うために生まれてきたというような、神の国の話です。我々は、キリスト・イエスにおいて、同じ体に属するものです。血の繋がった関係を「血縁」というなら、この世の血なんかじゃなく、神の血によって繋がっている血縁なんです、我々は。こういう神秘、真理が、イエス・キリストによって知らされた。そういう神秘に向かって、旅に出るのです。三人の博士は、その星の導きを信じて、長旅の末に、ついに主イエスに出会って、真心からの贈り物を全て捧げて、そして夢のお告げ通り危険から守られて、それぞれの国に帰って行った。どれほどの感動と喜びを味わったことでしょう。

ミサの初めに、二人の侍者と私と三人で、中央の通路を歩いて来ましたけれども、祭壇前に飾られた飼い葉桶のイエスさまの前で、三人で深々と礼をしたとき、なんだか三人の博士になったような気持ちになりました。みなさんも、今日でこれ片付けられちゃいますから、写真撮ってですね、深々と礼をしてくださいよ。主イエスはもう、私たちのうちに現れました。この宇宙の意味、人間の真理、真実の愛と本物の幸い。それがもう現れたんです。そこに向かって、私たちはチャレンジいたします。みなさんもね、三人の博士になりましょう。もうイエスに出会ったとはいうものの、やっぱり旅にでなくっちゃ。まだまだ見るべき景色があるんじゃないですか。上野教会も、こうして発展してまいりましたけれど、まだまだその本当の可能性を我々はまだ見ていない。駅伝で言うなら、まだ一区、二区。さあ、ここからどんな景色が待っているか。それは、チャレンジを忘れちゃったら見ることができない。進化していくって、なかなか大変なことだけれども、そこ止めちゃったら退化が始まる。ああ、怖い、怖い。そのために、みなさんは今年、どんなチャレンジをするんですか。

　昨日の夜は、福音カフェの学生たちとお鍋を囲みました。お鍋というか、すき焼きなんですけど。最初はすき焼きにする予定ではなかったのに、急遽すき焼きにするっていう話になっちゃった。なぜかと言うと、昨日の午後、電話がきて、福音家族の青年の一人が、SNS上で「今駅にいる、もう死にたい、これから電車に飛び込む」ってつぶやいてるっていうんですね。うつを抱えている青年ですけど、うつの人には、そういうときもあります。もう終わりにしたいと。それほどにつらい。その彼とは、私は親しいので、そのSNSに気付いた友人が電話してきたわけです。「神父さま、なんとかしてあげて」と。彼に洗礼を授けたのは、私です。別の青年を見舞いに、精神病院に毎日通っていたときに、たまたま、閉鎖病棟の中で出会いました。教会においでよと誘ったら、退院してから教会に通うようになり、洗礼を受けたわけです。

私は電話で、まずこう言いました。「つらい気持ちはよくわかる。でも、死んだりしたら、おばあちゃん悲しむよ」と。おばあちゃんというのは、実のおばあちゃんではなく、子どものころ彼を救ってくれた、近所のおばあちゃんです。彼は、育児放棄されて、親が何もしてくれなかったんです。ご飯も与えられない。お腹すいて、家の前に立っていると、そのおばあちゃんが、「うちにたべにおいで」って、いつもご飯を食べさせてくれた。それどころか、塾にも通わせてくれて、そのおばあちゃんのおかげで、中学を卒業できた。そのおばあちゃんが、カトリック信者だったっていうんですよ。だから、彼はカトリック信者というのはそういうもんだって思っていたんです。それで、閉鎖病棟の中で会ったときも、私がカトリックの神父だって聞いて信頼してくれましたし、やがて教会にも通って、洗礼も受けた。そういう彼なので、私は言ったんです。「死んだりしたら、おばあちゃん悲しむよ」って。そして、「おなかすいてないの？」って聞いたら、「何も食べてない。お腹すいた」と言うので、おばあちゃんに代わって言いました。「うちにたべにおいで」と。「お腹すくのは元気なしるし。もう大丈夫。すぐに食べにおいで。しっかり食べて、生きて行こうよ。お正月だし、来てくれるなら最高に美味しいものを食べさせてあげる。よし、すき焼きにしよう！」って言っちゃったと、そんなわけで、すき焼きだったんです。そんな彼が来るっていうんで、慌ててみんなで買い物に出て、昨日の夜は、すき焼きをいっぱい用意しました。私は、イエスさまに贈りものをする三人の博士のように、彼に心からの贈りものを贈りたかった。それは、彼にわかってほしかったからです。「あなたは贈りものを贈られる価値のある存在なのです」と。

思い出します。彼に初めて会った時。毎日、病院に通った日々。なかなか大変でしたけど、私はチャレンジしたんです。そんな彼のためにもと、心の病を抱えた青年たちの福音家族を作ったのも、チャレンジでした。その彼を連れて合宿に行ったのも相当ハードなチャレンジでした。そうして昨日の夜、「すき焼きだ！」と彼を招いたのも、チャレンジなんです。もちろん一つひとつのチャレンジは大変なんだけれども、チャレンジをし続け、進化し続けていくと、ようやく見えてくる景色があるんです。私は昨日の夜、その景色を見ましたよ。彼は、来てくれました。そして学生たちとおいしそうにすき焼きを食べ終えたあと、こう言ったんですよ。「神父さま、ゆるしの秘跡をお願いします」。私は嬉しかったね。感動しましたよ。そうして秘跡を受けて涙を流し続ける彼の姿を見ながら、なんて美しい光景だろうって思った。教会っていいなと思ったし、イエスさまって本当に素晴らしいなと思った。すべての根底に、イエスさまの聖なるチャレンジが秘められているんだから。

神の愛が、この世界に現れました。そうして、以来二千年経った今、こんな遠い東方の国の、一人の死にたいとつぶやいている青年の心の奥にまで、公現の光がちゃんと差し込んでいくのです。チャレンジあるのみ。新しい年の、素晴らしいスタートになりました。

（二〇一九年一月六日）

贈りもの

みかん一個に秘められた力

ルカによる福音書二章四一〜五二節

初めに言があった。言は神と共にあった。言は神であった。この言は、初めに神と共にあった。万物は言によって成った。成ったもので、言によらずに成ったものは何一つなかった。言の内に命があった。命は人間を照らす光であった。光は暗闇の中で輝いている。暗闇は光を理解しなかった。

神から遣わされた一人の人がいた。その名はヨハネである。彼は証しをするために来た。光について証しをするため、また、すべての人が彼によって信じるようになるためである。彼は光ではなく、光について証しをするために来た。その光は、まことの光で、世に来てすべての人を照らすのである。言は世にあった。世は言によって成ったが、世は言を認めなかった。言は、自分の民のところへ来たが、民は受け入れなかった。しかし、言は、自分を受け入れた人、その名を信じる人々には神の子となる資格を与えた。この人々は、血によってではなく、肉の欲によってではなく、人の欲によってでもなく、神によって生まれたのである。

言は肉となって、わたしたちの間に宿られた。わたしたちはその栄光を見た。それは父の独り子としての栄光であって、恵みと真理とに満ちていた。ヨハネは、この方について証しをし、声を張り上げて言った。「『わたしの後から来られる方は、わたしより優れている。わたしよりも先におられたからである』とわたしが言ったのは、この方のことである。」わたしたちは皆、この方の満ちあふれる豊かさの中から、恵みの上に、更に恵みを受けた。律法はモーセを通して与えられたが、恵みと真理はイエス・キリストを通して現れたからである。いまだかつて、神を見た者はいない。父のふところにいる独り子である神、この方が神を示されたのである。

「今日ダビデの町で、あなたがたのために救い主がお生まれになった」

あなたがたのために、イエス・キリストがお生まれになりました。救いはもうすでに訪れているというこの事実を祝って、わたしたちはここに集まっています。こんなに美しく、尊い集いが、ほかのどこにあるでしょう。みなさんもこの一年、それぞれに大変なこともあったでしょうが、なんとかクリスマスを迎えてここに集まることができました。だけどみなさん、これほどに美しい、尊い集いはほかにないんだってこと、ちゃんとわかってますか。

さっき、車で教会の前まで来たら、サンタさんの格好をしてローラースケートで走ってる人がいたんで、思わず窓開けて、「クリスマスのミサに、来ませんかー！」って声かけたんだけど、行っちゃいました。「あなたがたのために」って、すべての人のためにってことであるはずです。つらい思いを抱えている人、生きる道を求めて探している人、実は救われていることを知らずに、サンタの服を着て走ってる人。本当は、今日ここに集まるべき人が、教会の周りにもいっぱいいます。その人たちに、「あなたはもう救われてるよ、救われたことに目覚めた人たちの喜びの集いが、ここにあるよ」と伝えたい。それほどに尊く素晴らしい集いを、もうすでに知っていて、こうして実際に集まっているみなさんは、どれほど幸いか。

昨日、テレビ見てたらポケモンのコマーシャルをやってて、ゲームのコマーシャルだと思うんだけど、その言葉がかっこよくてね。「そいつは教えてくれる。宝物って気づくもんだってことを」って言ってんですよ。普通、宝物って、どこかに探しに行って見つけるもんじゃないですか。ここにないから、探しに行くわけでしょう? でも、「宝物って気づくもんだ」って言うなら、それはもうここにあるってことです。ここにあるのに、気づいていないっていうくらいもったいないことないと思いませんか。目の前にごちそうがあるのに、「お腹すいた、お腹すいた」。目の前に愛し合うべき人がいるのに、「一人ぼっちだ、さみしい」。

宝なんか無い、と思いこんでるんですよ。あるのに、気づいてない。では、わたしたちにとっての真の宝とは、何か。我々が気づくべき最高の宝は、「イエス・キリスト」です。イエス・キリストさえ見つけていれば、腹が減ろうが、孤立しようが、病気だろうが、なんてことはない。私たちのうちに、もう宝が宿っているんだから。「そいつは教えてくれる」っていう「そいつ」って、このお方です。ごらんください、祭壇前の小さな飼い葉おけの中で眠っている、小さな幼子。神から与えられた、最高の宝。私たちを全員、神の国に導き入れてくれる方。そのお方が、「宝である私に気づきなさい」と。

世界中の人が真の宝を求めて右往左往しているというのに、我々はすでにそれがここにあると気づいて、「そいつ」が確かに私たちのうちに宿っていると信じて、感動して、喜んで、涙流して、祝っています。この集いをまだ知らない人を、お招きしてください。来年のクリスマスには、「去年のクリスマスは独りで寂しかったなぁ」って言う人がね、ここにいてほしい。

昨日の浅草教会の夜半のミサにも、いろんな方が来ました。今年の春に亡くなった私の親友も来ていました。亡くなったのにどうして来れたのか。そいつは漫画家なんですけど、毎年、クリスマスと復活祭だけは私の司式するミサに来ていました。うつで苦しんでたこともあり、涙流すんですよ、聖体拝領のとき。毎回、ポロポロ泣きながら拝領してる。つらい思い、感謝の思い、さまざまな思いをこめて、なんとかミサに来ていました。

今年の春、彼はコロナの関連死みたいな形で急死しちゃって、私が葬儀ミサを司式しました。去年の年末は、コミケで机並べた仲なんです。彼はマンガを売り、私は神父の格好で色紙を売った。亡くなったことはとても残念だったし、ホントにさみしい思いもしました。「もっといろいろ話したかったなあ」とか、「あいつがいたら、こんなことできたのになあ」みたいなことをずっと思ってましたけど、その彼の同居人が、昨日の夜のミサに来てたんです。倒れた彼の第一発見者です。信者ではないその人が、どうして私の司式するクリスマスミサに来たのか、すぐわかりました。だって、聖体拝領の行列に並んで、前まで来たら、彼がいつもかぶっていた、トレードマークの緑色の野球帽を差し出したんです。彼を連れて来たんですね。だから私、「おお、今年も来たか」って気持ちで、その帽子と同居人に手をかざして、祝福しました。

でもね、実は、同居人が彼を連れて来たんじゃないんです。今は天国の彼が、愛する同居人をイエスのところに連れて来たんじゃないですか。おかげで、最もつらい思いをしているその同居人も、昨日の夜、クリスマスの恵みに触れることができたわけですから。主イエスは、私たちを結んでくれる方。すべての人を救うために来られた方。

半年間、病院の精神科に入院していて、先日ようやく退院した青年も、昨夜のミサに来ていました。去年のクリスマスのころも来てましたけど、そのころは精神的に不安定で、とてもつらそうだった。救いを求めて、「洗礼受けたいです」って言ってたのに、入院しちゃって、今年の復活祭での洗礼を受けられませんでした。そのあとはメールで励ましたりしてましたけど、少しずつ元気になって、ようやく退院できて、入門講座に来られるようになり、ついこの前の洗礼面談で洗礼許可を出しました。

そんな彼がクリスマスミサに参加できて、聖体拝領で祝福を受けるために行列に並んでたんですけど、祭壇前まで来た彼の顔を見て、驚いた。目の輝きが違うんです。去年のクリスマスの頃の苦しんでいるときの目と、全然違う。救いに目覚めた目って、違うんですよ、光が宿ってる。「ああこの人、ほんとうはこんなに光る目だったんだ」って気づいて、うれしかった。目の中にちゃんとイエスが宿ってる。今日の拝領のときも、みなさんの目の光を見ますよ（笑）。問診です（笑）。

だけど、昨夜来てくれた中で一番うれしかったのは、やはりうつを患っている信者の青年です。以前、おしゃべりしてたとき、自分はもう来月死ぬ決心をしたって言うんですよ。もう生きていてもやることはない、この人生を終わりにしたいっていうその気持ちに対しては、こちらはただ寄り添って、祈り続けるしかないわけです。「大事な決心を打ち明けてくれてありがとう、でも、打ち明けたことで少しは楽になってるよ」とは申し上げて、そのあとも、メールでしょっちゅう「寒くなったねー」とか、「祈ってるよ」とか、「今日のミサを君のために捧げたよ」みたいなやり取りをしてました。彼からは「やっぱりつらいです」とか「不調です」、「ぼろぼろです」とか返って来るわけですけど、やがて、死ぬと決心したというその月の、最後の日が近づいてくるじゃないですか。ドキドキですよ。これはなかなかきつかったです。信じて祈り続けましたし、いよいよ迎えたその月の最終日には、一日何度祈ったことか。ですから、翌日、メールの返信が返ってきたときの私の喜び、わかりますか。

その彼が、昨夜来てたんですよ、行列に並んで、聖体拝領。うれしかったなあ……。ミサのあと、門のところで「これからも友だちでいようね」って言ったら、初めて笑顔を見せてくれたんです。照れくさそうな、でもとっても美しい笑顔。ああ、最高のクリスマスだって思った。イエスがみんなを集めてるんだって思った。宝物は、彼の中にもあるんです。誰の中にもちゃんとあるんです。気づいてないだけ。だったら、気づかせてあげるのって、めちゃめちゃ大切なことだと思う。

先日、宅急便が届きました。ダンボールに入ったみかんですけど、「宅急便でーす！」って届けに来た若いお兄さんが、余計なこと言うんですよ。「みかん、おいしそうですね」って（笑）。長崎から届いたみかん。だから私、当然「一緒に食べようよ」って言いました。「いやいや、いいっすよ」「まあ、そう言わずに」「いや、仕事中ですから」「いいから、座って座って」って座らせて、ダンボールをバリっと開けて、みかん渡したら、「ありがとうございます！（笑）」って、食べてくれました。またこれがおいしいみかんでね。

艶やかで皮が薄くて、甘くってめちゃめちゃジューシーでね、「おいしいです！」とか言うんで、「もう一個どう？」って勧めたら、「いいんすか」（笑）。まあ、ダンボール一箱ありますから。

で、黙って食べるわけにもいかないんで色々お話してたら、「教会って、いろんな物届きますよね」とか、また余計なことを言う（笑）。それで、「まあ、みんな教会に救われてるんで、感謝の気持ちでいろいろ送ってくるんだよ。今度食べにおいで。いろいろおしゃべりしようよ」って言ったら、「いやあ、実はこの仕事、いつまでやるのかなあとか思ってて。いろいろ話したいです」とか言うから、その場で約束して、先週、実際に教会で一緒ごはんしました。

聞けばいろいろ悩みも持っているし、道も探している。以前、整体師の学校に行ってたそうで、趣味はラーメンの食べ歩き。それならと、「ぼくの親しい友人の整体師で、ラーメン好きってのがいるんだけど（笑）、今度一緒にお鍋食べようよ。ちょっと待っててね」と、その場でその整体師に電話したら、「ああ、いいですね、ぜひ」ってことになり、宅急便の彼に携帯渡したら、「あ、初めまして。よろしくお願いします。ラーメンお好きなんですか？」なんて、すっかり仲良く話してる（笑）。ということで、実は、ちょうど明日の夜、宅急便のお兄ちゃんと友人の整体師と私で、しゃも鍋を食べることになった。さらに、せっかくなので、「Dの家」を一緒に始めようとしている友人で、年齢が近くて話が合いそうなのを二人見繕って、用意しました（笑）。宗教、こわいですね（笑）。ダンボールのみかん届けただけで、もう巻き込まれて、教会で一緒ごはん。

みかん一個に秘められた力に、誰も気づいていない。「私がもらったみかんだ。私が食べる」だったら、それはただのみかん。しかし、気づいて分かち合えば突然宝物になる。そのお兄さん、実は素晴らしい宝を持って歩いていたんです。自分が持って歩いているみかんが、どれほど尊いかってことを知らずに。分かち合えば宝になるというのに、みんなそれを知らないから、「これはおれのものだ」、しまいには「もっと寄越せ」。分かち合う先にどんな素晴らしい景色が広がっているかを、みんな知らない。キリスト者は、みかん一個にもイエスを見出します。イエス・キリストはどこにでも宿っておられますから。彼が運んでいたのは、実はキリストだったんじゃないですか。

今日、発行された教会報「うぐいす」に、「Dの家」っていうタイトルで原稿書きました。ぜひお持ち帰りになって、読んでいただければと思います。コロナで三年我慢しましたけども、ようやく明けそうなんで、今は教会の中でやっている福音家族の一緒ごはんを、これからは教会の外の「Dの家」でやっていこうと思ってます。だけど、それって

「教会の外」？　実はそこが教会なんじゃないの？　というような「キリストの家族の集い」です。道を求め、今の社会や教会になじめず、行き場をなくしているような若い仲間を中心にした、人類本来のコミュニティです。自由に平等に、持てるものを現実に分かち合える家族的なアソシエーション、なにがあっても実際に助け合う集い。使徒言行録にあるとおりです。「信者は互いに持ち物出し合って、分け合っていた。それぞれの家に集まって、一緒にごはん食べていた」（使徒言行録2・44〜47参照）。あれをただの昔話の記録として読むんじゃなくて、実際に始めています。たかが二千年、まだまだ、初代教会ですから。どうぞ、応援していただければ。

来年のクリスマスには、そんな家にイエスさまが宿って、もう死のうと思ってたという人が、そこで真の家族に出会い、目に光を宿して笑顔になっていることを夢見ます。

（二〇二二年一二月二五日）

著者紹介

晴佐久昌英（はれさく・まさひで）

1957年東京生まれ。上智大学神学部、東京カトリック神学院卒業。87年、司祭叙階。エッセイ集、詩集、絵本、日めくりカレンダー、説教集、信仰入門書等、著書多数。近著に『十字を切る』(女子パウロ会)、『天国の窓』(サンパウロ)、『福音宣言』『福音家族』(オリエンス宗教研究所)、『希望する力』(共著、キリスト新聞社)などがある。現在、カトリック上野教会・浅草教会主任司祭。「福音を説明する司祭ではなく、宣言する司祭」として、プロテスタント教会やお寺、大学などでも講演する。

装丁：長尾　優

贈りもの　晴佐久昌英クリスマス説教集

2023年9月30日　第1版第1刷発行

著　者　晴佐久昌英

発行所　株式会社　キリスト新聞社

〒162-0814 東京都新宿区新小川町9-1　電話03（5579）2432
URL. http://www.kirishin.com
E-Mail. support@kirishin.com
印刷　光陽メディア

ISBN978-4-87395-826-2　C0016（日キ販）

キリスト新聞社

説教　最後の晩餐　吉村和雄著

教会は「あの夜」の出来事をこのように語る。品川・御殿山に建つ「キリスト品川教会」。そこで毎年受難週に行われる「聖晩餐礼拝」において語られた説教7編などを収録。「大衆伝道者」として語る著者の、激しくも慰め深い説教から、世界で最も知られた晩餐の出来事を臨場感を持って味わう。

四六判・152頁・定価1,760円（税込）

説教 十字架上の七つの言葉
イエスの叫びに教会は建つ　平野克己著

イエスと共に、赦し、愛し、結び、渇き、叫び、ゆだねる……その道行きを、圧倒的な説教、そして若手画家・井上直の作品と共に静かに辿る。危機の時代の受難節（レント）を歩む教会に、新たないのちを吹き込む説教の言葉がここに！

四六判・216頁・定価1,870円（税込）

『新版・教会暦による説教集』シリーズ

新型コロナ・ウイルスの世界的流行など、世界的に社会が変化しつつあるなか、現代の説教者は聖書から何を語るのか。
総勢46名の若手からベテラン伝道者による、「今を生きる新しい言葉」を通して教会暦を味わう説教集シリーズ。

クリスマスへの旅路
アドヴェントからエピファニーへ
越川弘英編　荒瀬牧彦、片柳弘史ほか著
四六判・232頁・定価1,980円（税込）

イースターへの旅路
レントからイースターへ
荒瀬牧彦編　吉岡恵生、関野和寛ほか著
四六判・256頁・定価1,980円（税込）

ペンテコステからの旅路
聖霊降臨日から教会行事暦へ
中道基夫編　朝岡勝、川﨑公平ほか著
四六判・240頁・定価1,980円（税込）

重版の際に定価が変わることがあります。